Jonathan Steinberg

Die Deutsche Bank und ihre Goldtransaktionen während des Zweiten Weltkrieges

Die Deutsche Bank und ihre Goldtransaktionen während des Zweiten Weltkrieges

von Jonathan Steinberg

in Verbindung mit den
Mitgliedern der Historikerkommission zur Erforschung
der Geschichte der Deutschen Bank in der NS-Zeit

Avraham Barkai, Gerald D. Feldman,
Lothar Gall, Harold James

Aus dem Englischen übersetzt von
Karl Heinz Siber

Verlag C. H. Beck München

Mit 9 Abbildungen im Text

Die Deutschen Bibliothek – CIP-Einheitsaufnahme

Steinberg, Jonathan:
Die Deutsche Bank und ihre Goldtransaktionen während des Zweiten Weltkrieges / von Jonathan Steinberg. In Verbindung mit den Mitgliedern der Historikerkommission zur Erforschung der Geschichte der Deutschen Bank in der NS-Zeit Avraham Barkai ... Aus dem Engl. übers. von Karl Heinz Siber. – München : Beck, 1999
Einheitssacht.: The Deutsche Bank and its gold transactions during the Second World War <dt.>

ISBN 3 406 44551 9

ISBN 3 406 44551 9

Gesamtherstellung: C. H. Beck'sche Buchdruckerei, Nördlingen
Gedruckt auf säurefreiem, alterungsbeständigem Papier
(hergestellt aus chlorfrei gebleichtem Zellstoff)
Printed in Germany

Inhalt

Anhang

Ho spesso pensato(e sperato)
che la Germania di Hitler sia stata un unicum, destinato a non ripetersi – (Primo Levi)

Vorwort

Im nachfolgenden Text werden sehr viele Zahlen vorkommen – Berechnungen zu Goldtransaktionen, Auszüge aus Kontobüchern und geschätzte Wertangaben in diversen Währungen. Die konkreten Zahlen, die dabei herauskommen, lassen die Berechnungen womöglich solider erscheinen, als sie sind. Sie sind das Ergebnis einer beachtlichen Sichtungsarbeit des Historischen Instituts der Deutschen Bank, das dafür zahlreiche unterschiedliche, gewöhnlich unvollständige, häufig fehlerhafte und oft kaum lesbare Quellen erschloß. Dieser Bericht ist das Ergebnis eines kollektiven Bemühens, und die darin aufbereiteten Erkenntnisse bleiben offen für künftige Richtigstellungen. Mein Dank gilt dem Historischen Institut dafür, daß es eine kongeniale Arbeitsumgebung zur Verfügung gestellt hat. Im besonderen möchte ich mich bei Martin L. Müller und Jutta Heibel für das Engagement, die Unermüdlichkeit und den großen Scharfsinn bedanken, die sie beim Zusammentragen und bei der Bewertung von Quellendaten an den Tag legten. Angelika Raab-Rebentisch danke ich für ihren nie nachlassenden Zuspruch, Professor Manfred Pohl dafür, daß an dem von ihm geleiteten Historischen Institut der Deutschen Bank ein Klima herrscht, das denen, die dort arbeiten, die für die Veröffentlichung eines solchen Berichts nötige Freiheit und akademische Glaubwürdigkeit gewährt. Die Mitglieder der unabhängigen Historikerkommission, die die Deutsche Bank im Dezember 1997 berief und mit der Untersuchung aller Aspekte der Geschäftstätigkeit der Bank im Zweiten Weltkrieg betraute – die Professoren Avraham Barkai (Jerusalem), Gerald D. Feldman (Berkeley), Lothar Gall (Frankfurt am Main) und Harold James (Princeton) –, zeichnen mit mir zusammen für diesen Bericht verantwortlich. Weder die Deutsche Bank noch die Kollegen im Historischen Institut haben die hier präsentierten Erkenntnisse und Meinungen in irgendeiner Weise gesteuert oder zensiert.

Jonathan Steinberg
Cambridge University
28. August 1998

1. Einführung

In den Jahren des Zweiten Weltkrieges tätigte die Deutsche Bank umfangreiche Goldgeschäfte. Bis vor kurzem war über diese Geschäfte und erst recht über ihren Umfang so gut wie nichts bekannt. Unter dem Eindruck der Vorwürfe gegen die Schweizerische Nationalbank und die großen Schweizer Privatbanken wurden diese Goldgeschäfte zum symbolischen Inbegriff der verbrecherischen Ausbeutung unschuldiger Menschen in den Jahren des Zweiten Weltkrieges und der hartnäckigen Weigerung vieler nationaler Institutionen und Unternehmen, sich zu ihrer Mitwirkung an diesem ausbeuterischen System zu bekennen. Dazu kam, daß die 1990er Jahre eine Abfolge emotionsgeladener Auseinandersetzungen um die Ausrottung des europäischen Judentums brachten, nachdem die letzten Überlebenden der NS-Lager, in vielen Fällen alt und gebrechlich geworden, endlich Gelegenheit erhielten, ihre Geschichte zu erzählen und Wiedergutmachung zu fordern. Die Debatte um ein angemessenes Mahnmal für die Opfer des Holocaust, die stürmischen Reaktionen auf Daniel Jonah Goldhagens Buch mit seiner Inkriminierung des ganzen deutschen Volkes, das Eingeständnis des Papstes, daß die Katholische Kirche im Angesicht eines kolossalen Verbrechens gegen die Menschlichkeit Fehler und Unterlassungen begangen habe, die Wiederkehr «ethnischer Säuberungen» auf dem Balkan, die zögerlichen Versuche, in ehemals kommunistischen Ländern die zwischen 1940 und 1945 im Namen der Nation an Juden begangenen Verbrechen zu dokumentieren, und schließlich die kritische Entwicklung der jüdischen und israelischen Identität in der Situation des scheiternden Friedensprozesses und des um sich greifenden religiösen Fundamentalismus – alle diese Faktoren haben, häufig noch verstärkt durch Anstachelungen politischer Abenteurer jeglicher Couleur, mitgeholfen, das Thema Holocaust allerorten in die Schlagzeilen zu bringen.

In dieser emotional aufgeheizten Atmosphäre hat das Gold, wie der Hort der Nibelungen, von der allgemeinen Phantasie Besitz ergriffen und bündelt wie ein Magnet das Interesse an den Verbrechen der Nazis. Ein Teil des Goldes, das durch die Hände schweizerischer und deutscher Bankiers ging, stammte wohl tatsächlich unmittelbar von jüdischen Lagerinsassen, denen ihre Mörder es von den Zähnen gerissen oder von den Fingern gezogen hatten. Im April 1945 stießen die Alliierten in den Geheimdepots, die die Reichsbank in einem Bergwerksstollen in Thüringen eingerichtet hatte, auf Säcke voller Eheringe und Brillengestelle. Die grausige Herkunft eines Teils des Goldes versinnbildlicht die brutale Pedanterie, die für die nationalsozialistische Mordmaschinerie so typisch war. Das erbeutete «Zahngold» wurde routinemäßig zu Standard-Goldbarren eingeschmolzen, und diese wurden dann quittiert, gewogen und zertifiziert, um schließlich als Zahlungsmittel für die Begleichung von Importen und anderen Kriegskosten zu dienen. Rohe Gewalt, verpackt in bürokratische Abläufe, das war die Essenz des NS-Regimes, ein einzigartiges Zusammenspiel von Mord und Modernität.

Vor diesem Hintergrund ist das Gold verständlicherweise zu einem Symbol und zu einem Stein des Anstoßes geworden. Wußten die schweizerischen und deutschen Bankiers, woher es stammte? Wenn ja, wieviel und welche Verantwortung tragen ihre Häuser heute? Wieviel Gold ging durch ihre Hände? Wie hoch war sein damaliger Wert, und wie wäre er nach heutigen Maßstäben zu beziffern? Welchen Zwecken dienten die Goldtransaktionen? Wieviel Gold war nach Kriegsende noch vorhanden, und in wessen Händen? Wenn Gold einzelnen Personen geraubt oder gestohlen oder wenn es Banken und Unternehmen im besetzten Europa abgepreßt wurde, haben die Eigentümer eine angemessene Rückvergütung erhalten? Wenn nicht, wessen Pflicht ist es, dafür zu sorgen, daß geraubtes Gut an die rechtmäßigen Besitzer zurückgegeben wird? Als wären diese Fragen nicht selbst vertrackt genug, werden sie zusätzlich erschwert durch die Existenz umfangreicher Regreßansprüche, die in den USA mit dem rechtlichen Mittel der Sammelklage eingeklagt werden, sowie durch Verhandlungen zwischen Regierungen, privatwirtschaftlichen Institutionen und Anspruchstellern, wobei all dies im Scheinwerferlicht der allgegenwärtigen modernen Medien abläuft.

Die Historiker stellten fest, daß ihre Dienste plötzlich gefragt waren. Die von der Frage nach dem Gold betroffenen staatlichen und privaten Hauptakteure merkten, daß die an sie gerichteten Fragen ohne das Expertenwissen von Historikern nicht zu beantworten waren. Viele betroffene Firmen, die jahrelang bestritten hatten, daß bei ihnen Unterlagen oder Archive aus den Weltkriegsjahren existierten, machten auf einmal die wundersame Entdeckung, daß sie die ganze Zeit auf diesen Materialien gesessen hatten. Selbst die größten und mächtigsten internationalen Unternehmen mußten einsehen, daß sie verwundbar waren, wenn sich in einem ihrer bedeutendsten Märkte, den Vereinigten Staaten von Amerika, emotionale Stimmungen und agile Anwälte gegen sie zusammentaten. In solchen Situationen erwachte das Bedürfnis, sich an Historiker zu wenden mit der Bitte, die Unterlagen zu sichten und die problematische Vergangenheit von Staaten und Unternehmen zu rekonstruieren. Diese Historiker waren und sind oft gefordert, komplexe Zusammenhänge auf die knappen Statements zu reduzieren, die der moderne «Soundbyte»-Journalismus verlangt.

Zahlreiche Historiker waren an der Erarbeitung zweier offizieller Berichte beteiligt. Einer davon, in Auftrag gegeben von der US-Regierung, erschien unter der Leitung und unter dem Namen des US-Unterstaatssekretärs für Wirtschaft und Landwirtschaft Stuart E. Eizenstat, den Präsident Clinton mit der Koordinierung der Forschungsarbeiten in den Archiven der Vereinigten Staaten beauftragt hatte; der andere resultierte aus der Arbeit einer unabhängigen Expertenkommission, die die Schweizer Regierung 1996 auf Beschluß des Bundesparlaments eingesetzt hatte, und ist mit dem Namen des Vorsitzenden der Kommission, Professor Jean-François Bergier, verbunden. Obwohl beide Kommissionen einen breiten Untersuchungsauftrag hatten, konzentrierten sie sich in ihren ersten Publikationen weitgehend auf die mit dem Goldhandel zusammenhängenden Fragen: auf Belege für die Herkunft von Gold aus Raub oder Völkermord und auf die Verwendung solchen Goldes im Sinne der Kriegsziele des NS-Regimes. Beide Kommissionen haben vorläufige Arbeitsergebnisse in Form fundierter wissenschaftlicher Abhandlungen veröffentlicht. Im Dezember 1997 fand in London eine internationale Goldkonferenz statt, an der Vertreter aus mehr als vierzig Staaten teilnahmen; eine Nachfolgeveranstaltung ist für November 1998 geplant. Vorgänge, die fünfzig Jahre lang begraben waren, sind wieder zum Leben erweckt worden und quälen das Gewissen der Welt.

In der Deutschen Bank kam man Ende 1997 zu der Erkenntnis, daß man sich den von der Debatte um das Gold aufgeworfenen Fragen stellen mußte. Die Bank hatte schon vorher ihre Archive wissenschaftlich arbeitenden Historikern zugänglich gemacht und unter der Leitung von Professor Dr. Manfred Pohl sowohl ein Historisches Archiv als auch ein Institut für die Erforschung der Geschichte der Bank und des Bankwesens im allgemeinen eingerichtet. Die erste Frucht dieser neuen Offenheit gegenüber der eigenen Vergangenheit war die Veröffentlichung einer wissenschaftlichen Geschichte der Deutschen Bank in deutscher und englischer Sprache, verfaßt von fünf international anerkannten Gelehrten und vor der Publikation durch eine ausgewählte Gruppe von Wissenschaftlern aus aller Welt intern begutachtet.[1] Zu dem Zeitpunkt, als dieses

[1] Lothar Gall, Gerald D. Feldman, Harold James, Carl-Ludwig Holtfrerich, Hans E. Büschgen, Die Deutsche Bank 1870–1995, München 1995.

Buch erschien, war, so seltsam dies aus heutiger Sicht klingen mag, nur sehr wenigen Historikern die eigentümliche Rolle bewußt, die das Gold für die Rüstungsprogramme der Nazis gespielt hatte. Dieser Umstand und die Tatsache, daß zur gleichen Zeit erstmals Archivbestände in den Ländern der ehemaligen Sowjetunion zugänglich wurden, machten es möglich, daß nur zwei Jahre später die Aktivitäten der Deutschen Bank in den Kriegsjahren von neuem und mit einer schärferen Lupe in Augenschein genommen werden konnten.

Dies ist die unmittelbare Vorgeschichte des vorliegenden Berichts, doch es ist nicht die ganze Geschichte. Ich schreibe diesen Text von der Warte eines Berufshistorikers, der seit 35 Jahren zu verstehen versucht, wie der Nationalsozialismus und der Holocaust passieren konnten, konkreter noch: wie es geschehen konnte, daß ein moderner Staat mit einem denkbar hohen Bildungsniveau und einem gleichermaßen hochentwickelten Standard an öffentlicher Verantwortungsethik, administrativer Effizienz und technischer Fortgeschrittenheit zur Bühne für das größte Verbrechen der Menschheitsgeschichte wurde. Die anderen Mitglieder der von der Deutschen Bank berufenen Historikerkommission haben im großen und ganzen einen ähnlichen beruflichen Hintergrund, doch wir sind wenige, und die Geschichte ist ein Haus mit ungeheuer vielen Zimmern. Angesichts der schieren Größenordnung, Komplexität und hochgradigen Interaktivität moderner Gesellschaften kann keiner von uns hoffen, die Realität, mit deren Erforschung wir uns befassen, in ihrer Gesamtheit zu «begreifen». Wer kann behaupten, die Geschichte des «Dritten Reichs» zu «kennen»? Andererseits befreit uns die Tatsache, daß dies unmöglich ist, nicht von unserer beruflichen und moralischen Verpflichtung, unser Bestes zu tun. Jedes ordnende Denken bedeutet zugleich Vereinfachung, und das gilt absolut und erst recht für das historische Denken.

Historiker denken ja nicht nur nach; sie wühlen in den erkalteten, verstaubten Hinterlassenschaften einer vergangenen Realität. Von den Millionen auffindbarer Zeugnisse der Vergangenheit kennen sie etliche und finden weitere dazu. Sie stolpern über unerwartete Steinchen aus dem Mosaik einer früheren Epoche oder betrachten ein Steinchen, das sie seit Jahren vorliegen hatten, von neuem. Ihre Arbeit ist und bleibt unvollkommen, weil ihre Quellen unvollständig, zufallsabhängig, manchmal nur noch teilweise erhalten, manchmal nur noch teilweise lesbar sind und weil diejenigen von uns, die die Quellen sichten, eigentlich schon wissen sollten, wonach gesucht wird, bevor sie wissen, was da ist. Manches von dem, was für die historische Forschung von höchster Bedeutung wäre, ist vielleicht nie niedergeschrieben worden: unausgesprochene Reaktionen im Gespräch, ein Zwinkern, ein Kopfnicken oder ein Lächeln, die mit einer Äußerung einhergingen, ein Grundbestand an Kenntnissen und Überzeugungen, der allen Teilnehmern eines Gesprächs gemeinsam und für sie so selbstverständlich war, daß niemand ein Wort darüber verlor. So impliziert etwa jeder hier präsentierte Beleg unausgesprochene Annahmen über den Kriegsverlauf. Niemand im Deutschland des Jahres 1944 mußte darüber belehrt werden, daß der Krieg verloren war. Gerade weil dies in der Endphase des Hitler-Regimes die bedeutsamste einzelne Erkenntnis war und weil jedermann dies wußte, machte sich niemand die Mühe, es ausdrücklich zu sagen. Doch ohne diese Voraussetzung läßt sich kein Dokument korrekt deuten.

Wenn wir uns der vertrackten Frage zuwenden, wer von der Herkunft des Goldes wußte, müssen wir uns zunächst darüber klar werden, was es unter den Bedingungen einer solchen Diktatur bedeutete, zu einem bestimmten Zeitpunkt zu «wissen», woher das Gold stammte. «Wissen» ist kein unwillkürlicher Reflex, sondern setzt in einem gewissen Grad die bewußte Absicht voraus, etwas zum Bestandteil des eigenen Bewußtseins zu machen. Wir können alle ein Lied davon singen, wie leicht es ist, sich auf ein lückenhaftes Wissen zu beschränken, besonders wenn ein vollständiges Wissen schmerzlich, gefährlich, demütigend oder entwürdigend für uns sein könnte.

In solchen Dingen objektiv zu sein ist nicht leicht. Objektivität stellt sich, wenn überhaupt irgendwo, im Prozeß des freien Austausches von Materialien und Meinungen ein. Das ist die Intention, mit der dieser Bericht der Öffentlichkeit übergeben wird. Er ist von den Mitgliedern der Historikerkommission und den Mitarbeitern des Historischen Instituts kritisch diskutiert und korrigiert worden, und das hat seine Ordnung. Jetzt warten auf ihn die kritischen Äußerungen, Richtigstellungen und Kommentare sowohl der einschlägig arbeitenden Wissenschaftler als auch der breiteren Öffentlichkeit und insbesondere auch derjenigen, deren Lebens- und Leidenswege durch die hier dargestellten geschichtlichen Vorgänge geprägt wurden. Wir haben versucht, die Geschichte so weit und so vollständig zu erzählen, wie das Quellenmaterial es zuläßt, und wir haben dies ohne jede Rücksicht auf die geschäftlichen Interessen der Deutschen Bank getan.

Lassen Sie mich endlich noch sagen, daß dieser Bericht von den Aktivitäten nur eines Finanzinstituts handelt und sich noch dazu auf einen in der Tat sehr kleinen Aspekt dieser Aktivitäten konzentriert: auf die Goldgeschäfte der größten deutschen Privatbank unter den

Bedingungen eines totalen Krieges und eines sich durch eine einzigartige Brutalität auszeichnenden Regimes. Nachfolgende Berichte werden sich mit sehr viel komplizierteren und schmerzlicheren Aspekten dieser Aktivität befassen. Der Goldbericht ist nur ein Kapitel einer langen und unheilvollen Geschichte.

2. Die Goldtransaktionen der Deutschen Bank: der Hintergrund

Zwischen dem 15. Oktober 1941 und dem 21. August 1944 wurden 4.967 Kilogramm Feingold (im folgenden abgekürzt als kgf) über den Weg der Creditanstalt-Bankverein in Wien und über Sofia an die Istanbuler Niederlassung der Deutschen Bank verkauft; ihr Wert betrug seinerzeit über 24 Millionen Schweizer Franken bzw. 5.637.707 US-Dollar. Angesichts der ständigen Schwankungen des Goldpreises wäre es irreführend, einen präzisen Betrag für den heutigen Wert dieser Goldmenge anzugeben. Annäherungsweise kann man jedoch vom etwa Zehnfachen ausgehen. Soweit wir die Vorgänge rekonstruieren können, durchlief das gesamte Gold die Tresore der Creditanstalt-Bankverein (CABV) in Wien. Nach dem Anschluß Österreichs 1938 war die Creditanstalt unter die teilweise Kontrolle der Deutschen Bank geraten, und 1942 übernahm die Deutsche Bank die Aktienmehrheit der CABV.[2] Von Wien aus fand der größte Teil des Goldes über Sofia seinen Weg zum freien Goldmarkt in Istanbul.[3]

[2] Nachdem die Deutsche Bank Ende 1938 25 Prozent des Aktienkapitals der Creditanstalt von der VIAG übernommen hatte, konnte sie in den folgenden Jahren weitere 10 Prozent am offenen Markt erwerben, und 1942 überließ ihr die VIAG im Zuge eines Aktientausches weitere 25 Prozent. Allerdings war mit diesem Aktientausch die Auflage verbunden, rund 10 Prozent der Aktien, die die Mehrheitsbeteiligung von 51 Prozent überschritten, zur breiten Streuung beim österreichischen Publikum abzugeben. Die restlichen 25 Prozent, die noch bei der VIAG lagen, waren ursprünglich auch zur breiten Streuung vorgesehen, wozu es aber bis zum Kriegsende nicht mehr kam, so daß sich seit Mitte 1942 die Aktien der CABV zu 51 Prozent im Portefeuille der Deutschen Bank, zu 25 Prozent in dem der VIAG und zu weiteren 24 Prozent in Streubesitz befanden. Siehe dazu: Fritz Seidenzahl, 100 Jahre Deutsche Bank, Frankfurt am Main 1970, S. 365 f. und Harold James, Die Deutsche Bank und die Diktatur, 1933–1945, in: Die Deutsche Bank, S. 381.

[3] Rekonstruieren ließen sich der Gesamtumfang der Goldtransaktionen der Deutschen Bank und die Transportwege des Goldes aus einem Ordner mit Unterlagen über die Liquidation der Istanbuler Filiale der Deutschen Bank: Historisches Archiv Deutsche Bank (HADB), ZA 2/3. Für die Gold-Gegenwerte, die Wechselkurse und die Faktoren für die Umrechnung auf heutige Werte haben wir auf den Bericht der Unabhängigen Expertenkommission Schweiz – Zweiter Weltkrieg, Die Schweiz und die Goldtransaktionen im Zweiten Weltkrieg: Zwischenbericht, Bern, Mai 1998, S. 33, zurückgegriffen, also auf den Bericht der sogenannten Bergier-Kommission, im folgenden als Bergier (1998) ange-

Der Handel mit Gold war profitabel. In den Jahren 1941 bis 1943, für die Zahlenangaben aufgefunden wurden, verdiente die Istanbuler Niederlassung der Deutschen Bank, über die die meisten Goldtransaktionen liefen, 938.156,16 Reichsmark (RM) (was 1945 $ 378.441,37 entsprach und heute $ 3.368.124 gleichkommt). Die Deutsche Bank als Ganze verbuchte im selben Zeitraum einen Gewinn von 629 Millionen RM. Während der Goldhandel also nur einen Anteil von 0,15 Prozent zum Gesamtertrag der Bank beisteuerte und für ihr wirtschaftliches Abschneiden als Unternehmen von vernachlässigbarer Bedeutung war, besaß er einen hohen Stellenwert für die Kriegsrüstung des nationalsozialistischen Deutschlands.[4] Wie Reichswirtschaftsminister und Reichsbankpräsident Walther Funk im Juli 1940 anläßlich einer Besprechung zur «Neuen Ordnung» in Europa ausführte: «Währungsmässig hat das Gold für uns keinen Wert. Wir benötigen es nicht als Deckungswert für unsere durch Preis, Menge und Lohn manipulierte Währung, sondern nur zur Bezahlung der Spitzen.»[5]

Mit «Spitzen» meinte Funk alle diejenigen Saldi, die aus dem verschachtelten System bilateraler Handelsabkommen resultierten, dank dessen es dem NS-Staat möglich war, auch ohne ausreichende Reserven an konvertibler Währung zu überleben und weiterzurüsten. Als Folge der katastrophalen Weltwirtschaftskrise und des Zusammenbruchs großer Teile des deutschen Finanzwesens hatte das Hitler-Regime zu keinem Zeitpunkt ausreichende Reserven bilden können. Ende 1933 verfügte das Deutsche Reich über Goldbestände im Wert von $ 109 Millionen, deutlich weniger als etwa Belgien mit $ 380 Millionen, Großbritannien mit $ 933 Millionen oder Frankreich mit $ 3,015 Milliarden.[6] Hjalmar Schacht, der erste Reichsbankpräsident der Nazi-Ära, war sich darüber im klaren, daß Gold zu einem Schlüsselelement für die wirtschaftliche Erholung und die Wiederaufrüstung des neuen Reiches werden würde. Er eröffnete, wie Arthur L. Smith Jr. gezeigt hat, zwischen 1933 und 1937 fünf geheime Konten, um verdeckte Goldankäufe tätigen zu können, die in den jährlichen Geschäftsberichten der Reichsbank nicht auftauchten. Im Juni 1934 wiesen die offiziellen Konten eine Goldreserve von $ 55,5 Millionen aus, während sich auf dem ersten der Schachtschen Geheimkonten $ 27 Millionen angesammelt hatten. Als Schacht 1938 aus dem Amt schied, wies allein eines seiner Kon-

führt. 1945 galten folgende Wechselkurse US-$ 1 = SFr 4.328 bwz. RM 2.479. 1 kgf kostete $ 1.125, oder $ 35 pro Feinunze. Der heutige Wert des US-Dollars wird auf das ungefähr 8,9fache des Wertes von 1945 geschätzt.

4 HADB, B 313–315.

5 Willy Boelcke, Die Kosten von Hitlers Krieg, Paderborn 1985, S. 117.

6 Paul Einzig, The Future of Gold, London 1934, Appendix VII ‹Monetary Gold Stocks›, S. 134.

ten, genannt Asservat «Devisenreserve» (DER), ein Goldguthaben von $ 50 Millionen auf.[7] Die Bergier-Kommission kam zu dem Ergebnis, daß am 1. September 1939 die offiziellen Goldreserven Deutschlands nur noch $ 28,6 Millionen betrugen, wogegen die geheimen Konten, die sogenannten «stillen Reserven», auf $ 82,7 Millionen angewachsen waren.[8]

Gold war nicht nur ein wichtiges Zahlungsmittel für den Ausgleich negativer Salden im Clearing-Verfahren – der von Walther Funk erwähnten «Spitzen» –, von größerer Bedeutung war es als Mittel zum Erwerb harter Devisen, die das Reich für den Ankauf dringend benötigter Rohstoffe für die Rüstungsindustrie brauchte. Dem Hitler-Reich mangelte es selbst zum Zeitpunkt seiner größten räumlichen Ausdehnung an bestimmten unverzichtbaren Materialien. Es mußte zum Beispiel seinen Bedarf an Wolfram, einem unersetzlichen Bestandteil hochwertiger Stahllegierungen, wie sie im Maschinenbau und bei der Waffenherstellung benötigt wurden, zu nahezu 100 Prozent durch Einfuhren aus Portugal und Spanien dekken; aus Schweden kamen zwischen 90 und 100 Prozent des in Deutschland verhütteten hochwertigen Eisenerzes, dazu ein beträchtlicher Teil des deutschen Kugellager-Bedarfs; die Türkei lieferte den größten Teil des in Deutschland verarbeiteten Chroms.[9] So erklärte Albert Speer, Hitlers Rüstungsminister, dem «Führer» im November 1943:

> «Wenn der Balkan und damit auch die Türkei ausfallen, ist die Abdeckung des Chrombedarfs derzeit nur auf 5, 6 Monate sichergestellt. Das bedeutet nach einer Aufzehrung der Rohblockbestände, die zusätzlich die Frist um zwei Monate verlängern würden, ein Auslaufen der verschiedensten wichtigsten Rüstungszweige – sämtliche Flugzeuge, Panzer, Kraftfahrzeuge, Panzergranaten, U-Boote, fast die gesamte Geschützfertigung – ein bis zwei Monate nach diesem Termin, da bis dahin die in der Zulieferung steckenden Reserven aufgebraucht sind.»[10]

Die neutralen Staaten akzeptierten keine Reichsmark; sie verlangten generell, in ihrer eigenen Landeswährung oder in einer international

[7] Arthur L. Smith, Jr., Hitler's Gold. The Story of Nazi War Loot, Oxford und Washington, DC, 1996, S. 29–32.

[8] Bergier (1998) Tabelle 1. Überblick über die Goldoperationen der Reichsbank, S. 35.

[9] US and Allied Wartime and Postwar Negotiations with Argentina, Portugal, Spain, Sweden and Turkey on looted Gold and German External Assets und U.S. Concerns about the fate of the wartime Ustasha Treasury, Supplement to Preliminary Study on U.S. and Allied Efforts to recover and Restore Gold and Other Assets Stolen or Hidden by Germany during World War 2, U.S. State Department, Washington, Juni 1998. (Dies ist der Bericht der Eizenstat-Kommission, im folgenden angeführt als Eizenstat 2), S. 10.

[10] Albert Speer, Erinnerungen, Frankfurt am Main, Berlin 1969, S. 329.

akzeptierten, konvertiblen Währung bezahlt zu werden. Bis zum Sommer 1941 konnte in US-Dollar bezahlt werden, doch spätestens zu diesem Zeitpunkt wurde der Dollar zu einer Risikowährung, da Roosevelt die USA in so etwas wie ein inoffizielles Bündnis mit Großbritannien geführt hatte, am 14. Juni 1941 die Sperrung «feindlicher Konten» verfügte und den Zugriff auf die New Yorker Dollarguthaben der neutralen Europäer erschwerte. Übrig blieb der Schweizer Franken. Die Schweiz bot der Reichsbank den doppelten Vorzug einer international akzeptierten, goldgestützten Währung und eines hoch entwickelten Bankensystems für die Abwicklung von Transaktionen. Nicht zuletzt dank ihrer traditionellen Neutralität wurde die Schweiz schnell zur «Drehscheibe» für die Geschäfte zwischen Deutschland und den anderen neutralen europäischen Staaten.

Eine zentrale Mittlerrolle spielte in diesen Geschäften das Gold. In dem Maße, wie die Menge des von Deutschland aus Portugal eingeführten Wolframs anwuchs, stieg auch der Bedarf des Reichs an harten Devisen für die Bezahlung dieser Einfuhren. Die Reichsbank suchte die Zusammenarbeit mit Schweizer Banken, um die Rechnungen der portugiesischen Lieferanten in Schweizer Franken begleichen zu können. Die Schweizer Franken bezahlte die Reichsbank mit Gold, das die Schweizer Banken entweder ihren Reserven zuführten oder aber in Form von Münzen an nervöse Bürger verkauften, die in diesen kriegerischen Zeiten einen Goldvorrat anlegen wollten. Die portugiesischen Exporteure wechselten ihre Schweizer Franken in Escudos, und so landeten die Schweizer Franken alsbald als Deviseneinlagen in der portugiesischen Zentralbank, dem Banco de Portugal. Immer wenn die Zentralbank in Lissabon mehr Schweizer Franken hatte, als sie zu brauchen glaubte, investierte sie in den Ankauf von Gold, das sie von der Schweizerischen Nationalbank bezog. Die Schweizerische Nationalbank, die verpflichtet war, zur Deckung der Schweizer Währung eine gewisse Goldmenge vorzuhalten, begann ihre Reserven zu verlieren. So teilte ihr Direktor Schnorf im August 1941 seinen Kollegen mit: «Es wird angezeigt sein, bei nächster Gelegenheit die Reichsbank darauf aufmerksam zu machen, daß uns dieses Geschäft heute nicht mehr dient, da wir über die Reserven in New York nicht mehr unbeschränkt verfügen können. Wir werden uns der Reichsbank zur Verfügung stellen und ihr auch die Escudos bedeutend billiger verkaufen gegen Gold in Bern, vorausgesetzt, daß sie die Verpflichtung übernimmt, die Transportkosten für diese Barren nach Lissabon zu bezahlen.»[11]

[11] Bergier (1998), S. 80. An gleicher Stelle wird auch die Escudo-Krise kompetent dargestellt und erklärt.

Die Schweizerische Nationalbank übernahm so von den Schweizer Privatbanken die Rolle des wichtigsten Handelspartners der Deutschen Reichsbank im Bereich des Goldhandels. Im Bergier-Bericht findet sich ein bemerkenswertes Abrechnungsblatt, auf dem die Gesamtheit aller von der Reichsbank zwischen dem 1. September 1939 und dem 30. Juni 1945 abgewickelten Transaktionen verzeichnet ist; der auf die Schweiz entfallende Anteil läßt sich daraus klar ersehen. Der Gesamtumschlag an Gold belief sich danach auf $ 889,8 Millionen, wovon die Schweizerische Nationalbank und die Schweizer Privatbanken $ 444,1 Millionen (entsprechend 49,9 Prozent) abnahmen.[12] Das Gold wurde im Verlauf des Weltkrieges in der Tat, wie eine deutsche Vorkriegsstudie es vorausgesagt hatte, zum «militärisch entscheidenden Rohmaterial».[13]

Das ist der Hintergrund, vor dem die Goldtransaktionen der Deutschen Bank gesehen werden müssen. Im Vergleich zur Schweizerischen Nationalbank oder auch zu den Schweizer Privatbanken spielte die Deutsche Bank nur eine Nebenrolle. Nach den Berechnungen der Bergier-Kommission lag der Gesamtwert des Goldes, das die Deutsche Bank von der Reichsbank übernahm, bei lediglich $ 4,2 Millionen oder 0,4 Prozent des gesamten gehandelten Goldes. Andere Quellen setzen den Goldumsatz der Deutschen Bank etwas höher an, auf $ 5,6 Millionen; auch dies wäre noch weniger als ein Prozent des Gesamtvolumens. Diejenigen deutschen Privatbanken, die von der Reichsbank Gold übernahmen – die Deutsche und die Dresdner Bank sowie Sponholz & Co. –, erwarben zusammen Gold im Wert von $ 11,4 Millionen, also nur einen Bruchteil der $ 56,3 Millionen, die die im Goldhandel tätigen Schweizer Geschäftsbanken erhielten.[14]

Zu der scheinbar so unbedeutenden Rolle, die die wichtigste deutsche Privatbank in den Geldgeschäften des NS-Regimes spielte, ist ein erklärendes Wort aus historischer Sicht angebracht. Die Deutsche Bank gehörte zu keiner Zeit zu den bevorzugten Bankhäusern des Hitler-Regimes, und sie war aus geschichtlichen Gründen auch nicht besonders gut dafür gerüstet, die Nachfrage der Reichsbank nach Gold und Devisen in den Weltkriegsjahren zu befriedigen. Es wäre ein Fehler, die global operierende Großbank von heute, die von ihren schlanken Glastürmen aus die Fäden der Wirtschaft zieht, auf die vergleichsweise schmalbrüstige Deutsche Bank der 1930er und 1940er Jahre zurückzuprojizieren. Zum besseren Verständnis dessen müssen wir einen kurzen Blick zurück auf die

[12] Ebd. Tabelle I, S. 35.
[13] Ebd., S. 12.
[14] Ebd., Tabelle I, S. 35 and Tabelle V/1 and V/2, S. 53 f.

Entstehung und Entwicklung der Deutschen Bank zwischen 1870 und 1939 werfen.

Gegründet wurde die Deutsche Bank im März 1870, kurz vor dem siegreichen Krieg gegen Frankreich und der nationalen Einigung Deutschlands. Wie Lothar Gall im ersten Kapitel des Bandes über die Geschichte der Deutschen Bank gezeigt hat, schwebte den liberalen Gründern der Bank eine moderne, außenwirtschaftlich orientierte Aktiengesellschaft als Repräsentantin eines neuen, selbstbewußten deutschen Bürgertums vor. Adelbert Delbrück, einer der Gründer, stellte unmißverständlich fest, worum es ging: «eine große Bank zu schaffen, hauptsächlich für den überseeischen Handel, die uns unabhängig machen soll von England und den Kreditgewährungen, die der deutsche Kaufmann nur in London fand und suchen konnte».[15]

Die Deutsche Bank war also von Beginn an ein international operierendes Institut, entschlossen, im Bereich der Finanzierung des aufblühenden deutschen Export- und Importhandels dem Finanzplatz London Konkurrenz zu machen. Ihr Blick richtete sich vor allem gen Westen, in Richtung Atlantik und Amerika, aber sie spielte in den Jahren vor dem Ersten Weltkrieg auch eine Rolle in den dramatischen Anstrengungen zur Finanzierung der Bagdadbahn. Der Erste Weltkrieg ließ diese Ambitionen ins Stocken geraten, und seine Nachwehen in der instabilen Weimarer Republik machten ihnen vollends den Garaus. Die Deutsche Bank büßte in dieser Zeit den größten Teil ihres Auslandsgeschäfts und ihrer internationalen Niederlassungen ein. Die deutsche Währung verlor 1923 ihren Wert zur Gänze, und als die deutsche Wirtschaft sich von der schlimmsten Hyperinflation, die ein Industrieland je erlebt hatte, gerade zu erholen begann, ließ die Weltwirtschaftskrise von 1929 bis 1933 das noch geschwächte und reservenschwache Wirtschaftssystem erneut zusammenbrechen. Der Untergang einer der großen deutschen «D-Banken», der Darmstädter und Nationalbank im Jahr 1931, hätte um ein Haar das gesamte deutsche Bankenwesen in den Abgrund gerissen und versetzte, wie Gerald D. Feldman in seinem Kapitel über die Geschichte der Bank gezeigt hat, die Geschäftsleitung der Deutschen Bank in eine höchst unangenehme Lage. Die Reichsbank wandte sich in dem verzweifelten Bemühen, eine Kettenreaktion von Bankenzusammenbrüchen zu verhindern, mit der Bitte an die Deutsche Bank, sich an einer Stützungsaktion für die Darmstädter und Nationalbank und deren ehrgeizigen Chef Jakob Goldschmidt zu beteiligen. Oscar Wassermann, der damalige Vorstandssprecher

[15] Lothar Gall, Die Deutsche Bank von ihrer Gründung bis zum Ersten Weltkrieg, 1870–1914, in: Die Deutsche Bank, S. 4.

der Deutschen Bank, und sein Vorstandskollege Georg Solmssen lehnten dies ab. Es war eine folgenschwere Entscheidung, deren Motiv nicht zuletzt die Abneigung großbürgerlicher Bankiers wie Wassermann und Solmssen gegen den sich vordrängenden Emporkömmling Goldschmidt war;[16] es war aber auch eine fatale Entscheidung für die Protagonisten selbst, denn alle drei waren Juden (wenn auch Solmssen sich unter Änderung seines Namens hatte taufen lassen).

Das deutsche Bankwesen war, in der Sprache der Nazis, «verjudet», zu weltbürgerlich, zu anonym und zu kapitalistisch. Schon im Oktober 1930 hatte die nationalsozialistische Reichstagsfraktion einen Gesetzentwurf vorgelegt, der die Einführung einer Obergrenze in Höhe von 5,7 Prozent für Schuldzinsen sowie die «Enteignung des gesamten Vermögens der Bank- und Börsenfürsten» vorsah, namentlich in den großen Privatbanken, sowie aller Juden, die nach 1914 nach Deutschland eingewandert waren.[17] Die starke Abneigung der Nazis gegen Juden und gegen bestimmte als jüdisch angesehene Wirtschaftsbranchen wie Bankwesen, Wertpapierhandel, Kaufhäuser, Schmuck- und Pelzhandel, Filmproduktion und Journalismus verkörperte sowohl einen antimodernistischen Aspekt ihrer Ideologie als auch die Ressentiments des kleinstädtischen, engstirnigen, noch vom Zunftwesen geprägten Mittelstandes, die das Denken vieler NS-Führer prägten. Noch Jahre, nachdem die Juden aus allen wirtschaftlichen Machtpositionen entfernt worden waren, konnten diese Vorurteile zum Vorschein kommen. So untersagte Himmler im Juni 1937 dem Vorstandsmitglied der Dresdner Bank, Karl Rasche, einem Vorzeige-Nazi, den Eintritt in den Vorstand des Kaufhofs mit der Begründung, potentielle SS-Mitglieder dürften sich nicht mit Unternehmen aus einer ideologisch so zweifelhaften Branche einlassen.[18] Und Martin Bormann, Parteisekretär der NSDAP, wandte sich, wie Harold James in seinem Kapitel über die Deutsche Bank in der NS-Zeit zeigt, noch 1942 mit der Forderung an Funk, in seiner Doppelfunktion als Reichswirtschaftsminister und Reichsbankpräsident etwas dagegen zu unternehmen, daß die Deutsche Bank in den Kriegsjahren ihre Gewinne vervierfacht, daß sie sich zu viele Niederlassungen zugelegt und einen zu großen Teil des Kreditgeschäfts auf sich vereinigt hatte.[19] Im Oktober und November desselben Jahres gründeten die Wirtschaftsfachleute der NSDAP

[16] Gerald D. Feldman, Die Deutsche Bank vom Ersten Weltkrieg bis zur Weltwirtschaftskrise, 1914–1933, in: Die Deutsche Bank, S. 299ff.

[17] Christopher Kopper, Zwischen Marktwirtschaft und Dirigismus. Bankenpolitik im ‹Dritten Reich› 1933–1939, Bonn 1995, S. 20.

[18] Ebd., S. 284.

[19] Harold James, Diktatur, S. 391 ff.

in den einflußreichsten Parteibezirken einen «Bankenausschuß», der die Diskussion über eine regionale wirtschaftliche Autonomie und eine Dezentralisierung des Bankenwesens wiederbelebte, Ziele, die die Partei bereits unmittelbar nach der Machtergreifung von 1933 durchzusetzen versucht hatte. Die Großbanken verdankten die Tatsache, daß sie diese beiden kritischen Perioden unbeschadet überstanden, nicht so sehr ihrer eigenen Stärke als vielmehr der Rivalität innerhalb des NS-Staats zwischen Ideologen und Pragmatikern bzw. in der Situation des Jahres 1942 zwischen der SS, die engere Beziehungen zu den Großbanken unterhielt, und der Parteiorganisation, bei der dies nicht der Fall war.[20]

Hatte die Deutsche Bank 1933 noch als «verjudet» gegolten, so war sie 1942 manchen Nazis «zu katholisch». Am 17. November 1942 referierte der Stellvertreter Bormanns, Dr. Karl Heinrich Heuser, vor Spitzen der Partei und der Reichsbank über die Persönlichkeiten im Vorstand der Deutschen Bank. Karl Ritter von Halt, der bei diesem Treffen die Deutsche Bank vertrat und eines von zwei NSDAP-Mitgliedern im Vorstand der Bank war, mußte sich gegen den Vorwurf verwahren, daß «die Deutsche Bank in ganz Deutschland als die katholische Bank bekannt sei», daß der Vorstand ohne Not zusätzlich zu Rösler und Abs mit Plassmann und Bechtolf zwei weitere Katholiken aufgenommen habe und daß von Halt selbst nicht viel mehr sei als ein «nationalsozialistisches Mäntelchen» und ein «Konzessionsschulze» (letzteres eine Anspielung auf die 1890 von Kaiser Wilhelm II. an die preußischen Garderegimenter ergangene Weisung, auch bürgerliche Offiziersanwärter aufzunehmen. Die Regimenter hatten sich dem natürlich gefügt, jedes hatte in seine dichtgeschlossenen aristokratischen Reihen genau einen Bürgerlichen aufgenommen, den sogenannten «Konzessionsschulzen».)[21]

Die Vorstandsmitglieder der Deutschen Bank wußten selbst nur zu gut, daß sie im Vergleich zu ihren Erzrivalen von der Dresdner Bank nicht nationalsozialistisch genug waren; ihr «Konzessionsschulze» Ritter von Halt versuchte dies mit Geschenken und ungesicherten Krediten an Himmler und die SS zu kompensieren, eine Praxis, die intern als «Klimapflege» bezeichnet wurde. Er überwies im Namen der Bank Gelder auf ein bei der Hausbank der SS, J.H. Stein in Köln, geführtes «Sonderkonto S», über das Himmler verfügen konnte, und nahm regelmäßig an den monatlichen Treffen des

[20] Christopher Kopper, Zwischen Marktwirtschaft, S. 349–353.

[21] Carl-Ludwig Holtfrerich, Die Deutsche Bank vom Zweiten Weltkrieg über die Besatzungsherrschaft zur Rekonstruktion, 1945–1957, in: Die Deutsche Bank, S. 413.

sogenannten «Freundeskreises Heinrich Himmler» teil.[22] Doch die Gefälligkeiten waren nie groß genug. Im Januar 1943 schickte SS-Obergruppenführer Oswald Pohl, Chef des Wirtschaftsverwaltungshauptamts der SS und damit so etwas wie der Generaldirektor des expandierenden SS-Wirtschaftsimperiums, einen höflichen Ablehnungsbescheid an die Deutsche Bank, die sich der SS für Finanzdienstleistungen in den besetzten Gebieten angedient hatte. Die SS sei bisher, so schrieb Pohl, von der Dresdner Bank «bei allen möglichen Gelegenheiten ... mehr als prompt bedient worden». Die SS betrachte es daher «gewissermaßen als Akt der Dankbarkeit ..., diese Bankverbindung als Hauptbankverbindung bestehen zu lassen».[23]

Während der Deutschen Bank so einerseits ihre Geschichte und ihr Personal zum Nachteil gereichten, mußte sie sich andererseits mit vom NS-Staat vorgenommenen strukturellen Veränderungen in der deutschen Wirtschaft auseinandersetzen. Die NS-Regierung lehnte die Wiederaufnahme der Deutschland nach dem Ersten Weltkrieg von den Siegermächten auferlegten Reparationszahlungen rigoros ab, d.h. sie verweigerte, wie Richard Overy schreibt, de facto die Begleichung eines großen Teils ihrer internationalen Schulden,[24] mit der Folge, daß die deutsche Wirtschaft vom Weltmarkt isoliert wurde. Im Rahmen des von Schacht im September 1934 lancierten «Neuen Plans» wurden Devisengeschäfte erschwert, Sperrkonten eingerichtet, auf die Fremdwährungseinkünfte eingezahlt werden mußten, die Freiheit des Kapitalverkehrs eingeschränkt und die deutschen Importeure verpflichtet, Lizenzen für die Einfuhr bestimmter Güter zu erwerben. Die Deutsche Bank war immer außenhandelsorientiert gewesen und litt nun darunter, daß das internationale Geschäft, wie Vorstandsmitglied Gustaf Schlieper 1936 schrieb, «seit Jahren ein Verlustgeschäft» war.[25]

Auch in anderen Bereichen büßten die drei großen Filialbanken Umsätze und Einfluß ein. Mit Gesetzen wie dem Anleihestockgesetz vom 4. Dezember 1934 hielt das NS-Regime die deutschen Unternehmen zur Bildung eigener Reserven an, mit der Folge, daß sie weniger auf Bankkredite angewiesen waren. Das Regime förderte darüber hinaus die Geschäftstätigkeit der Sparkassen, die in ihren Augen Banken für die kleinen Leute und damit, im Gegensatz zu den großen Geschäftsbanken, politisch korrekt waren. Das Reich begann, sehr große Mengen von Anleihen und Schatzwechseln auf-

[22] Harold James, Diktatur, S. 366.
[23] Christopher Kopper, Zwischen Marktwirtschaft, S. 289.
[24] Richard Overy, The Nazi Economic Recovery, 2. Aufl., Cambridge 1996, S. 26.
[25] Christopher Kopper, Zwischen Marktwirtschaft, S. 187.

zulegen, die die Banken mit zunehmend geringerem Erfolg den Sparern anzudienen versuchten. Anfang 1939 kam es zu einer Finanzkrise, weil die Öffentlichkeit und die Finanzinstitute die staatlichen Schuldverschreibungen nicht mehr in der Menge absorbieren konnten, die nötig war, um den NS-Staat handlungsfähig zu halten.[26] Unter dem Deckmantel der strengen Preiskontrollen hatte sich eine «verschleierte Inflation» entwickelt, angeheizt durch den Wettlauf um Ressourcen, durch eine rapide zunehmende Geldmenge, durch Vollbeschäftigung und Rohstoffknappheit, die sowohl die Industrie als auch die Finanzwirtschaft unter wachsenden Druck setzten.[27] Die Wirtschaft schwamm auf einer Woge ungeliebter Reichsmark, und die Nachfrage nach Bankkrediten wurde in allen Bereichen immer geringer.

Ein potentiell gewinnträchtiges Geschäftsfeld war die «Arisierung» jüdischen Eigentums sowohl in Deutschland als auch in den nach 1938 von Deutschland besetzten Gebieten. In dieses Geschäft war die Deutsche Bank mitsamt ihren Niederlassungen und Tochterfirmen voll einbezogen. Die Fragen, die sich im Zusammenhang mit diesen berüchtigten Vorgängen ergeben, werden Gegenstand eines der in dieser Reihe noch folgenden Berichte sein und müssen für den Augenblick unerörtert bleiben.

Als die Nazis die europäische Landkarte neu zeichneten, ergriff die Deutsche Bank die sich bietenden Gelegenheiten, in den eroberten Gebieten aktiv zu werden. Sie erwarb zunächst einen 25-Prozent-Anteil an der wichtigsten österreichischen Bank, der Creditanstalt-Bankverein (CABV), wobei die Übernahme durch ein Konsortium erfolgte, dem auch die deutsche Staatsholding VIAG angehörte.[28] Wichtige Markierungen setzte die Deutsche Bank auch in dem neugeschaffenen Protektorat Böhmen-Mähren durch die Übernahme ehemals tschechoslowakischer Banken. Auch diese Vorgänge wird die Historikerkommission in einem späteren Bericht ausführlich abhandeln. Für unser Thema hier kommt es darauf an festzustellen, daß durch die geographischen Schwerpunkte, die die Nazis in ihrer Expansionspolitik vor dem 1. September 1939 setzten, die Deutsche Bank von den traditionellen Zentren ihrer Aktivität abgelenkt und auf neue Gebiete und neue Märkte verwiesen wurde. Das Geschäftsgebiet der CABV lag im Zentrum dieser neuen Expansionssphäre. Am 4. Mai 1942 übernahm die Deutsche Bank die Anteilsmehrheit an der Creditanstalt, und drei Mitglieder ihres Vor-

[26] Harold James, Diktatur, S. 329f.
[27] Richard Overy, The Nazi Economic Recovery, S. 63.
[28] Manfred Pohl, VIAG Aktiengesellschaft 1923–1998. Vom Staatsunternehmen zum Internationalen Konzern, München und Zürich 1998, S. 132ff und 181ff.

stands traten in die Geschäftsleitung der CABV ein: Vorstandssprecher Oswald Rösler, Hermann J. Abs, im Vorstand für das Auslandsgeschäft zuständig, und Hans Rummel. In keinem anderen von ihr beherrschten Unternehmen war die Deutsche Bank so stark vertreten.[29] Die CABV übernahm die bisherigen Niederlassungen der Deutschen Bank in Krakau und Lemberg und brachte sie in eine neue Firma ein, die Creditanstalt AG Krakau, die mit einem Kapital von 6 Millionen RM ausgestattet wurde.[30] Dieser Vorstoß in osteuropäische Geschäftsfelder war nicht ohne Risiken und Gefahren. Im September 1941 formulierte Hermann J. Abs seine Bedenken gegenüber den Mitgliedern des Börsenausschusses der Reichsbank laut Protokoll wie folgt: «Nach seiner Ansicht sei es besser, das Bankgeschäft in Südosteuropa innerhalb der nationalen Kreise aufzuziehen, als zu versuchen, ausgesprochen deutsche Institute aufzurichten. Außerdem seien in diesen Ländern genügend Landesinstitute unter maßgeblichem deutschem Einfluß vorhanden.»[31]

Wenn wir uns später mit der moralischen Verantwortung des Deutsche Bank-Vorstands für die Geschehnisse der Kriegsjahre befassen, werden wir auf die interessanten strategischen Überlegungen von Hermann J. Abs und anderen Vorstandsmitgliedern zurückkommen, denen zufolge die Deutsche Bank besser daran tat, «im Osten» nicht allzu sichtbar unter ihrem eigenen Namen präsent zu sein.

Eines der traditionellen internationalen Geschäftsfelder der Deutschen Bank war ihr immerhin nicht ganz abhanden gekommen. Die Deutsche Uebersee-Bank, eine 100prozentige Tochter der Deutschen Bank, deren Zentralverwaltung ihren Sitz in Berlin hatte, war am 2. Oktober 1886 zu dem Zweck gegründet worden, den zunehmend interessanteren Handel mit Lateinamerika zu entwickeln. Diese Bank, die 1893 in Deutsche Ueberseeische Bank (DUB) umbenannt wurde, markierte den ersten systematischen Versuch eines deutschen Bankinstituts, ein Netz von Filialen außerhalb Deutschlands aufzubauen; bis zum Ausbruch des Ersten Weltkrieges wurden in mehreren lateinamerikanischen Ländern Niederlassungen unter dem Namen Banco Alemán Transatlántico (BAT) eröffnet.[32] Die BAT überstand die Turbulenzen der Jahre 1914 bis 1924, und im Geschäftsbericht der Deutschen Bank für das Jahr 1941 findet sich eine Liste, die insgesamt 21 BAT-Niederlassungen in Argentinien,

[29] OMGUS (Office of the Military Government for Germany, United States) Finance Division, Ermittlungen gegen die Deutsche Bank, 1946–1947, Nördlingen 1985, S. 213.
[30] Ebd., S. 213 f.
[31] Harold James, Diktatur, S. 377.
[32] Lothar Gall, Gründung, S. 62 f.

Peru, Chile, Uruguay, Brasilien und Spanien umfaßt.[33] Somit konnte die Deutsche Bank in Metropolen wie Buenos Aires, Lima, Santiago, Montevideo, Sao Paulo, Rio de Janeiro, Barcelona und Madrid sowie in kleineren Städten unter der Fassade des BAT in ihrem eigenen und im Interesse des Reichs tätig werden. Argentinien mit seinem quasi-faschistischen Regime bot sich den Nazis als besonders vielversprechendes wirtschaftliches Aktionsfeld an, doch hatte die Sache einen Pferdefuß: Die Währung, in der Handelsgeschäfte mit Lateinamerika abgewickelt werden mußten, war der US-Dollar, der damals fest ans Gold gebunden war, und zwar in einer Relation von 35 Dollar für die Feinunze. Von Anfang 1941 an konnten die deutschen Stellen nicht mehr sicher sein, daß ihre Dollarkonten ihnen weiterhin frei zugänglich sein würden, und sie begannen nach Mitteln und Wegen Ausschau zu halten, wie sie sich den Folgen einer eventuellen Sperrung dieser Konten entziehen könnten. Ende Februar 1941 erhielt Alfred Kurzmeyer, der als Direktor mit Generalvollmacht der Deutschen Bank zuständig war für die Zusammenarbeit zwischen Berlin und den Schweizer Banken, von der DUB-Zentrale in Berlin die Mitteilung, die BAT-Niederlassung in Lima habe berichtet, daß sich «in letzter Zeit ... eine sehr unfreundliche Haltung der Chase National Bank bei der Abwicklung der Geschäfte unserer Filiale gegenüber bemerkbar gemacht hat». Die DUB bat Kurzmeyer, seine guten Kontakte zur Schweizerischen Kreditanstalt in Zürich zu nutzen und sie anstelle von Chase als Partnerin zu gewinnen. Wie Kurzmeyer auf dem Rand des Schreibens vermerkte, arrangierte er einen Kredit in Höhe von $ 50.000 von der Schweizerischen Kreditanstalt in Zürich an den BAT Lima.[34]

Auch die Reichsbank hatte die neuerdings «unfreundliche Haltung» ihrer New Yorker Partnerbanken gespürt und begonnen, nach Mitteln und Wegen zur Reduzierung des direkten Verkehrs mit New York Ausschau zu halten. Aus der nachfolgend zitierten Korrespondenz wird deutlich, daß die Reichsbank sich offiziell mit einem Ersuchen um Hilfe an die DUB wandte, doch über die Vorgeschichte dieses Vorgangs liegen uns keinerlei Anhaltspunkte vor. Im April 1941 teilte die DUB der Deutschen Bank mit, sie habe ein Verfahren gefunden, das der Reichsbank erlauben werde, weiterhin in Buenos Aires zu operieren, ohne daß die New Yorker Banken ihre Aktivitäten mitverfolgen könnten: «Der Anregung der Reichsbank – eine Hinüberlegung von US$Guthaben zu südamerikanischen Banken auf den Namen unserer Filialen ins Auge zu fassen –

[33] Geschäftsbericht für 1941, HADB.

[34] DUB Berlin an Kurzmeyer, Berlin, 20. 2. 1941, mit Randbemerkung vom 10. 3. 1941 und Initialen «AK». Bundesarchiv (BA), R 8.119 F, 24546.

entsprechend, haben wir die Frage mit unseren Freunden in Buenos Aires und Montevideo aufgenommen ...» Ganz offenkundig hatte die Reichsbank bei der DUB angefragt, wie sich negative Konsequenzen vermeiden ließen für den Fall, daß «auch eine eventuelle Konvertierung der Dollars in Landeswährung nach einer Sperre deutscher Guthaben in New York nur noch mit nordamerikanischer Genehmigung erfolgen könnte». Die Lösung bestand darin, «durch Einrichtung des Dollarkontos auf den Namen des B.A.T. Lima seitens des B.A.T. Buenos Aires ... in Argentinien lediglich ein peruanisches und somit *einstweilen* [handschriftlich hinzugefügt-JS] genehmigungsfreies Guthaben entstehen [zu lassen]. Ausserdem könnte durch persönliche (notizweise) Verwaltung durch den Leiter unserer Filiale Lima der Versuch gemacht werden, das Guthaben einer im Verlaufe der Entwicklung der Verhältnisse vielleicht einsetzenden Erfassung seitens peruanischer Behörden zu entziehen.»[35]

Die Unterlagen enthalten keine weiteren Hinweise darauf, was mit «persönliche (notizweise) Verwaltung durch den Leiter unserer Filiale Lima» gemeint war, doch man darf argwöhnen, daß es sich um eine Anspielung auf das handelte, was die Italiener eine *bustarella* nennen – ein spezielles Kuvert. Albrecht Seeger, der Geschäftsführer des BAT Lima, der im Juni 1941 auf Geschäftsbesuch nach Europa kam, konnte wohl kaum als Peruaner durchgehen. Dennoch wurde ihm in Zürich ein großer Bahnhof bereitet, als er beim Schweizerischen Bankverein vorsprach, vermutlich um dort dasselbe Arrangement anzubahnen, wie der BAT Lima es mit der Schweizerischen Kreditanstalt praktizierte. So führte der Bankvereins-Vorstand in einem sehr herzlichen Schreiben an den Vorstand der Deutschen Bank vom 11. Juni 1941 aus: «Im Hinblick auf die Zukunft war es für uns besonders wertvoll, die Bekanntschaft des Herrn Seeger machen zu können. Wir danken Ihnen darum umsomehr für die Aufmerksamkeit, Herrn Direktor Seeger bei uns eingeführt zu haben.»[36]

Zum Leidwesen der Schweizer dauerte die Zukunft, der sie so freudig entgegensahen, nur drei Tage. Am 14. Juni 1941 verfügte Präsident Roosevelt unter Berufung auf das aus dem Jahr 1917 stammende Gesetz gegen den Handel mit dem Kriegsgegner die Sperrung aller deutschen und italienischen Guthaben in den Vereinigten Staaten. Wie die Schweizer einem Telegramm ihrer Botschaft in Washington mit Schrecken entnehmen mußten, bezog sich die Anordnung auf «sämtliche Länder des europäischen Kontinents.

[35] Deutsche Ueberseeische Bank an Deutsche Reichsbank, z. Hd. v. Herrn Direktor Jänicke, vertraulich, 7. April 1941. HADB, K8/18.

[36] Schweizerischer Bankverein, Direktion, an Deutsche Bank, Vorstand, 11. 6. 1941, BA, R 8119 F, 24546.

Jedoch sollen Schweiz und andere neutrale Länder sofort Generallizenzen für sämtliche eigene Guthaben und eigene Staatsangehörige bekommen, sobald offizielle Versicherungen vorliegen, daß Generallizenzen nicht zu Gunsten Deutschlands, Italiens und deren Staatsangehörigen verwendet werden».[37] Angelaufene Transaktionen wurden unvermittelt blockiert und «in Schwebe gehalten», wie die DUB der Reichsbank schriftlich mitteilte. So konnten insbesondere Goldzertifikate im Nennwert von $ 90.000, die die Reichsbank an die BAT-Niederlassung Buenos Aires geschickt hatte, nicht mehr ohne Gefahr von Komplikationen der Deutschen Reichsbank gutgeschrieben werden. Sie in gewöhnliche US-Banknoten umzutauschen und nach Berlin zurückzuschicken würde laut Bericht der DUB mit Kosten in Höhe von 2,5 Prozent des Nennwertes, zuzüglich der Gebühren für Porto und Versicherung, zu Buche schlagen. Die Zertifikate dem Konto der Reichsbank in Buenos Aires gutschreiben zu lassen – der einfachste und preisgünstigste Weg, die Papiere unterzubringen –, würde sie für die argentinische Devisenaufsicht zu «deutschen Vermögenswerten» machen mit der Folge, daß sie von der argentinischen Devisenkontrolle erfaßt und unter amerikanischen Druck geraten würden. Nach dem bereits einmal erprobten Muster wurde wiederum eine Lösung unter Einbeziehung des BAT Lima gefunden: «Es kann jedoch der Versuch gemacht werden, eine Umgehung der argentin. Kontrollvorschriften zu erreichen, indem das Depot in B.A. auf den Namen des BAT Lima verbucht wird und somit formal als peruanisches Depot erscheint, welches z. Zt. der Genehmigungspflicht nicht unterliegt. Einer Erfassung seitens peruanischer Stellen könnte dadurch entgegengetreten werden, dass in Lima das Depot durch den Leiter unserer dortigen Niederlassung persönlich (d.h. ohne offizielle Verbuchung) verwaltet wird.»[38]

Hinter der verschleiernden banktechnischen Terminologie wird schemenhaft der unsichtbare Krieg, der Wirtschaftskrieg, sichtbar. In dem Maße, wie die Vereinigten Staaten die wirtschaftliche Schlinge um den Hals Deutschlands immer enger zogen, sahen die deutschen Stellen sich gezwungen, immer verzweifeltere und ausgefallenere Lösungen zu finden. So traten die Vereinigten Staaten beispielsweise, wie der zweite Eizenstat-Bericht zeigt, auf den für die deutsche Rüstungsproduktion lebenswichtigen Rohstoffmärkten als Neukun-

[37] Documents Diplomatiques Suisses 1848–1945 (im folgenden angeführt unter dem Kürzel DDS) Bd. 14, 1. Januar 1941–8. September 1943, Bern 1997. La Légation de Suisse à Washington au Département politique, Washington, 14. Juni 1941, Nr. 58, S. 178f. [aus dem Französischen übersetzt].

[38] DUB an Reichsbank, z. Hd. von Herrn Reichsbankrat Werner, 25. Juni 1941, HADB, K8/18.

de auf und stachen die Deutschen aus, indem sie höhere Preise boten, eine Praxis, die seinerzeit als «verhinderndes Kaufen» bezeichnet wurde.[39] Für die Schweizer wurde es zunehmend schwieriger, ihre eigenen Dollarguthaben in den Geldkreislauf einzubringen. Bei der Schweizerischen Nationalbank klingelten im Januar 1942 die Alarmglocken so laut, daß ihre Direktion das Schweizer Außenministerium um Intervention ersuchte. In einem Telegramm an die Botschaft in Washington machte das Ministerium daraufhin seinem heftigen Unmut Luft: «Noch nie seit ihrer Gründung ist die Schweizerische Nationalbank so unfreundlich behandelt worden wie gegenwärtig von der amerikanischen Regierung. Zuerst hat man sie drei Monate warten lassen, ehe man eine Entscheidung über einen Goldtransfer zu einer anderen neutralen Zentralbank traf. Sodann nannte man nach drei Monaten Weigerungsgründe, die nicht nur nicht aktenkundig, sondern geradezu unrichtig sind. Der Transfer von 10.000kg Gold ist eine Transaktion, die allein die Schweizer Interessen berührt.»[40]

Die US-Regierung glaubte den Schweizern einfach nicht, und sie tat gut daran, wie wir heute wissen. Die zunehmende Verengung der wirtschaftlichen Schlinge um den Hals Deutschlands liefert das letzte noch fehlende Stück Hintergrundinformation zum Verständnis der Goldtransaktionen der Deutschen Bank während des Zweiten Weltkrieges. Es ging darum, neue und sicherere Wege zu finden, um zu gewährleisten, daß das Reich lebenswichtige Rohstoffe auch weiterhin kaufen und bezahlen konnte. Walther Funk erklärte hier-zu am 20. Oktober 1941 in Rom: «Das … erforderliche Gold werden wir nach Beendigung dieses Krieges besitzen.»[41] Eine Zugriffsmöglichkeit, die sich vom Herbst 1941 an bot, war die Beraubung der Juden, die zur Vernichtung in die besetzten Ostgebiete des Nazireichs geschafft wurden. In dem Augenblick, als die Alliierten den Nazis die finanzielle Schlinge um den Hals legten, ließen diese die später sogenannte «Aktion Reinhard» anlaufen, den Massenmord an nahezu zwei Millionen Juden, die auf polnischem Boden zunächst ghettoisiert und danach in drei eigens errichteten Vernichtungslagern, Belzec, Sobibor und Treblinka, ermordet wurden. SS-Sturmbannführer Wippern legte im Dezember 1943 die wirtschaftli-

[39] Siehe insbesondere Eizenstat 2, Allied Relations and Negotiations with Turkey, E. Allied Economic Policies towards neutral Turkey: preclusive trade and military assistance and F. US participation in the Preclusive Purchasing Program of Turkish Chromite and other commodities.

[40] DDS 14, le Département politique à la Légation suisse à Washington, Bern, 8. Januar 1942, Nr. 146, S. 442.

[41] Zitiert nach Bergier (1998) S. 20.

che Abschlußbilanz dieses geplanten Massenmordes vor. Folgende Beträge in internationalen Währungen waren den Opfern abgenommen worden: $ 1.100.000 sowie Devisen aus insgesamt weiteren 48 Ländern im Gesamtwert von 4.521.224,13 RM, 73 Millionen RM in deutscher und polnischer Währung, ausländische Goldmünzen im Gegenwert von 1.736.554,12 RM, und insgesamt, einschließlich sonstiger Wertsachen und Gebrauchsgegenstände (wie Kleidung), belief sich der Gesamtwert auf 178.045.960,59 RM.[42]

[42] Aktion Reinhard, in: Enzyklopädie des Holocaust. Die Verfolgung und Ermordung der europäischen Juden, Bd. 1. A-G, Hauptherausgeber Israel Gutman, Herausgeber der deutschen Ausgabe Eberhard Jäckel, Peter Longerich, Julius H. Schoeps, München und Zürich 1995, S. 17.

3. Die Goldtransaktionen der Deutschen Bank: die Belege

Die Rekonstruktion der Goldtransaktionen der Deutschen Bank beinhaltet ein hohes Maß an Mutmaßungen. Viele Rückschlüsse konnten nur aus indirekten Hinweisen gezogen werden, gewissermaßen aus dem Spiegelbild der eigentlichen Ereignisse. Die Daten und Volumina der Transaktionen ergeben sich aus Eingangs- und Ausgangsbuchungen, die ursprünglich in den Büchern der CABV vorgenommen wurden (siehe Tabelle 3). Gefunden wurden diese Dokumente jedoch nicht am Wiener Hauptsitz der Bank, sondern in den Akten, die bei der Abwicklung der Istanbuler Filiale der Deutschen Bank entstanden, als diese 1960 aufgelöst wurde.[43] Wir haben unseren Berechnungen die Vermutung zugrunde gelegt, daß sämtliche Goldtransaktionen über Wien liefen, und haben es durch schrittweises Zurückverfolgen geschafft, den Durchlauf von knapp fünf Tonnen Gold durch die Bücher der CABV zu rekonstruieren. Da sich in den Archiven der CABV selbst keine aus der fraglichen Zeit stammenden Unterlagen über diese Goldtransaktionen fanden, war es uns nicht möglich, die in den Liquidationsakten gefundenen Eintragungen zu verifizieren, und auch in den Archiven der Deutschen Bank selbst sind aussagekräftige Unterlagen oder Akten aus der Zeit des eigentlichen Geschehens nicht vorhanden. Die Vorgänge, über die wir im folgenden berichten, sind also rekonstruiert worden aufgrund von Listen, die Ende der 1950er Jahre anläßlich der Liquidation der Filiale Istanbul zusammengestellt wurden, ferner auf der Grundlage von Akten der Edelmetall-Abteilung der Deutschen Reichsbank, die die Alliierten in den 1940er Jahren beschlagnahmten und mikroverfilmten,[44] sowie von Archivalien, die uns freundlicherweise die Deutsche Gold- und Silber-Scheideanstalt

[43] HADB, ZA 2/3–4.

[44] Seit 1997 sind diese Mikrofilme im Historischen Archiv der Deutschen Bundesbank (HADBB) verfügbar. Die folgende Aufzählung gibt an, welche dieser Filme für die vorliegende Arbeit ausgewertet wurden: Hauptbuch «Verschiedene Barren» (BSG 10/09), Kontrollbuch «Verschiedene Barren» (BSG 10/10), Tagebücher der Edelmetallkasse (BSG 10/19/6, BSG 10/19/7 und BSG 10/20), Barrenbücher «Hochwertige Barren» und «Standardbarren» (BSG 10/8, BSG 10/12, BSG 10/13, BSG 10/16/1, BSG 10/34), Beutelbücher (in ihnen wurden Lieferungen von Goldmünzen erfaßt, BSG 10/48–53), Tresorarbeitsbuch (BSG 10/21) sowie Eingangsbuch der Edelmetallkasse (BSG 10/05/2).

(Degussa) zur Einsichtnahme zur Verfügung gestellt hat,[45] die in den Kriegsjahren einen Marktanteil an der Goldraffinerie von über 90% hatte. Ausgewertet wurden ferner Akten der Schweizerischen Nationalbank sowie eine Reihe weiterer gedruckter Primär- und Sekundärquellen. Durch die Rückverfolgung der eigentlichen Vorgänge anhand dieser verschiedenen externen Quellen konnten wir einzelne Transaktionen von dem Moment an rekonstruieren, da das Gold bei der Reichsbank einging, bis zum Moment seiner Absendung aus Wien. Nach der Erstveröffentlichung dieses Berichts konnten wir Unterlagen über die Depots einzelner Kunden ausfindig machen, die von der Deutschen Bank Istanbul Gold bezogen. Darin waren detaillierte und sorgfältig datierte Buchungseinträge vermerkt.

Die Rekonstruktion von Goldbewegungen hat ihren ganz eigenen Reiz. Möglich wird sie dadurch, daß sämtliche Lieferungen in allen beteiligten Häusern mit durchlaufenden Nummern versehen wurden und daß es üblich war, die Gewichte von Goldbarren auf mehrere Dezimalstellen genau anzugeben. Zwar betrug das Normgewicht eines Standard-Goldbarrens 12,5 kgf, doch gab es in fast allen Fällen geringfügige Abweichungen von diesem Gewicht, und da Gold äußerst wertvoll ist, wurden diese minutiös in den Büchern vermerkt. Dies machte es uns möglich, den Weg des einzelnen Goldbarrens – oder doch zumindest Teilstrecken davon – zu verfolgen. Die ziemlich große Anzahl übereinstimmender Angaben zu den einzelnen Goldbarren, die wir in den Quellen fanden, bestärkte uns in der Überzeugung, mit dem von uns vorläufig ermittelten Gesamtvolumen von 4.967 kgf, die über die CABV in Wien liefen, recht nahe bei dem tatsächlichen Volumen des über Wien transferierten Goldes zu liegen.

In Tabelle 1 des Anhangs findet sich eine von uns zusammengestellte Liste der registrierten Goldeingänge, spezifiziert jeweils nach Datum, Herkunft, Gewicht und Bestimmungsort.[46] In den ursprünglichen Reichsbank-Büchern wurden die eingehenden Lieferungen in zwei Hauptgruppen unterteilt: «Verschiedene Barren» und «Hochwertige Barren». Die Forscher, die sich mit diesen beiden Kategorien befaßt haben, konnten sich nicht darauf einigen, was «Verschiedene Barren» konkret bedeutete. Einige vertraten die These, das betreffende Gold habe nicht den nötigen Feinheitsgrad

45 Für diese Arbeit wurden folgende Unterlagen ausgewertet: Ausgangsbücher, Probenkontrollbücher und Scheidbücher aus den Jahren 1940–1945.

46 Diese Tabelle stützt sich auf Akten der Reichsbank (Tagebücher, Haupt- und Kontrollbuch «Verschiedene Barren», Barrenbücher Standardbarren, Tresorarbeitsbuch), der Degussa (Ausgangs-, Probenkontroll- und Scheidbücher) und der Deutschen Bank, Historisches Archiv (Ein- und Ausgangsliste der Creditanstalt-Bankverein, Wien, ZA 2/3).

gehabt, um sich als «monetäres Gold» zu eignen, und deswegen sei zu vermuten, daß es aus «irregulären» Quellen stammte, will sagen aus den Vernichtungslagern. Wie ein Blick auf Tabelle 1 zeigt, ist eine solche Annahme nicht plausibel. Sehr viele der von der Reichsbank unter «Verschiedene Barren» verbuchten Goldbarren wichen weder im Gewicht noch im Feinheitsgehalt von den unter «Hochwertige Barren» verzeichneten ab, d.h. sie entsprachen dem 12,5-kgf-Standard. Im Moment läßt sich noch keine konsensfähige Definition angeben.

Wir glauben jedoch, eine Erklärung dafür gefunden zu haben, weshalb im Barrenbuch «Verschiedene Barren» immer wieder neben den Barren mit Standardgewichten auch Barren auftauchen, die zwar den gleichen hohen Feingehalt, aber wesentlich geringere Feingewichte aufweisen. Wir vermuten, daß es sich in diesen Fällen um die jeweiligen Restposten größerer Lieferungen handelte, d.h. um das Gold, das übrig blieb, nachdem die maximal mögliche Zahl von 12,5-kgf-Barren aus der verarbeiteten Goldmenge gegossen worden war.

Aus der 1960 von der CABV bereitgestellten «Eingangsliste» (Tabelle 3) geht hervor, daß von dem eingegangenen Gold je rund die Hälfte Barren bzw. Münzen waren;[47] 21 dieser Lieferungen nach Wien kamen aus Zürich, davon zehn zwischen Dezember 1941 und Mai 1942. In Tabelle 2 des Anhangs haben wir einen zahlenmäßigen Überblick über die Gesamtmenge des umgesetzten Goldes, soweit rekonstruierbar, zusammengestellt. Das Gold, das aus Zürich kam, stammte nicht in jedem Fall aus dort getätigten Erwerbungen; ein Teil davon kam aus Depots, die die Istanbuler Filiale der Deutschen Bank bei der Schweizerischen Kreditanstalt unterhielt. Der Inhalt dieser Depots kam im wesentlichen aus Berlin, ging von dort aus nach Wien und weiter nach Zürich. Wir hoffen, alle Doppelzählungen ausgeschaltet zu haben; absolut sicher können wir dessen jedoch nicht sein.

In Tabelle 4 im Anhang präsentieren wir eine Liste der Kunden, die zwischen 1942 und 1944 über ein Golddepot bei der Deutschen

[47] Wir haben in den Unterlagen keine Hinweise auf Sonderwünsche oder Spezifikationen hinsichtlich des von der Reichsbank gelieferten Goldes gefunden, weil zu den listenmäßig erfaßten Transaktionen fast keine begleitende Korrespondenz mehr existiert. Es liegen daher keine Anhaltspunkte vor, aus denen man ersehen könnte, ob die Deutsche Bank bei dem Goldkauf von der Reichsbank Barren oder Münzen bevorzugte; bei kleinen Transaktionen waren Münzen allerdings erste Wahl, weil sie sich leichter handeln ließen. Außerdem boten Münzen der Deutschen Bank den Vorteil, daß sie nicht wie die 12,5-kgf-Barren vor dem Transport nach Istanbul in kleine, besserverkäufliche 1-kg-Barren umgeschmolzen werden mußten.

Bank Istanbul verfügten, dazu eine Auswahl von Depotauszügen, die Aufschluß über Bewegungen auf den Goldkonten geben und Vermutungen darüber zulassen, was die Kunden mit dem Gold möglicherweise gemacht haben. Die Türkei war, so stellt sich immer mehr heraus, im Zweiten Weltkrieg von einer besonderen Bedeutung sowohl für die Achsenmächte als auch für die Alliierten, und türkische Einstellungen und Gewohnheiten verliehen diesen Goldtransaktionen eine ganz eigentümliche Färbung. Oft fehlte sogar auf höchster alliierter Ebene das Verständnis dafür, daß es ein wichtiges Anliegen der türkischen Regierung war, im Außenhandel nach dem Prinzip Ware gegen Ware (und nicht Ware gegen Geld) zu verfahren. Die nachfolgend zitierte Depesche des altgedienten US-Botschafters in Istanbul, Lawrence Steinhardt, von Anfang August 1943 läßt erahnen, wie schwer er sich mit der Überzeugungsarbeit tat:

«Diese Botschaft hat bei mehreren Gelegenheiten versucht, deutlich zu machen, daß aus der Türkei nichts nach Deutschland exportiert wird, wenn die Deutschen dafür nicht mit eigenen Produkten bezahlen. Gold oder Geld genügt nicht. Abgesehen von einem kleinen Rinnsal von Produkten, darf nichts über die Landesgrenze gehen, bevor nicht die deutsche Gegenleistung in Form von Warenlieferungen in der Türkei eingetroffen ist. Das erwähnte kleine Rinnsal muß ebenfalls in deutschen Erzeugnissen beglichen werden, nur entfällt bei diesen die Bedingung der Vorablieferung. Dies sollte aus meiner [Depesche Nr.] 1.175 vom 3. Juli für jedermann ersichtlich geworden sein. Ich kann angesichts dessen nicht verstehen, warum den deutschen Goldlieferungen in die Türkei so große Bedeutung beigemessen wird.»[48]

Wenn man sich in Washington dennoch ernste Gedanken über dieses Thema machte, war das durchaus verzeihlich. Warum sollten die Deutschen denn sehr große Mengen Goldes in die Türkei ausführen, wenn nicht, um damit wichtige Rohstoffe zu kaufen? Wie wir gesehen haben, spielte Gold im deutschen Handelsverkehr mit anderen neutralen Ländern just diese Rolle, und was lag näher als anzunehmen, daß dies auch für den deutsch-türkischen Handel galt? In Wirklichkeit hatten sich die Türken seit Kriegsbeginn mit großer Beharrlichkeit auf den Export ihrer Landesprodukte versteift.

«Ich lebe unter einem Füllhorn von Feigen, Sultaninen und Rosinen», schrieb der britische Botschafter in der Türkei im November 1939 nach London. Und etwas später brachte ein Beamter des britischen Ernährungsministeriums die folgende Besorgnis zum Ausdruck: «Falls wir dieses Zeug doch aufgehalst bekommen ..., sollten wir die eine grundlegende Bedingung für die Abnahme von Früch-

[48] Steinhardt an Secretary of State, 2. August, 1943, U.S. National Archives, RG 319.270/7/11/06 Box 641.

ten und Nüssen stellen: daß wir nur solche Chargen abnehmen, die von Qualität und Handelsklasse her auch absetzbar sind; sonst verkaufen sie uns Zweige und Sand, wovon es, denke ich, in den öden Weiten Kleinasiens mehr als genug gibt.»[49]

Die deutschen Goldausfuhren in die Türkei werfen somit ein besonderes Nachweisproblem auf. Der türkische Staat hat sich seit Ende des Zweiten Weltkrieges standhaft gegen alle Versuche gewehrt, ihm die Annahme von «Raubgold» zur Last zu legen. Gemäß dem (undatierten) «Goldbericht», den die Zentralbank der Türkischen Republik 1997 den mit der Erstellung des Eizenstat-Berichts befaßten US-Stellen übermittelte, wuchsen die Goldreserven der Türkei im Zeitraum zwischen 1939 und Kriegsende von 27,4 Tonnen auf 216 Tonnen an. In dem Bericht wird die These vertreten, daß, da der Außenhandelsüberschuß der Republik im selben Zeitraum auf US$ 341,5 Millionen anwuchs (was dem Gegenwert von 303,6 Tonnen Gold entsprach), die Vervielfachung der türkischen Goldreserven alleine auf die positive Handelsbilanz zurückzuführen sei.[50] Wie andererseits die uns vorliegenden Unterlagen belegen, transferierte allein die Deutsche Bank knapp fünf Tonnen Gold in die Türkei, von denen man angesichts der türkischen Handelsusancen (Ware gegen Ware) wohl ausschließen kann, daß sie für die Bezahlung deutscher Rohstoffeinfuhren verwendet wurden. Die Dresdner Bank führte höchstwahrscheinlich ebenfalls keine wesentlich größeren Mengen Goldes in die Türkei ein, und die Direktverkäufe der Reichsbank und der Schweizerischen Nationalbank sind im «Goldbericht» der Türkei dokumentiert. So kaufte die Zentralbank der Türkischen Republik etwa am 6. Juni 1942 von der Deutschen Reichsbank 2.017 kgf, und im Mai 1943 lieferte die Schweizerische Nationalbank auf Bestellung der Türkischen Zentralbank 3.048 kgf. Dieses Gold wurde freilich aufgrund kriegsbedingter Schwierigkeiten von der Deutschen Reichsbank in Gestalt von 249 Barren ausgeliefert, die dafür im Tausch Gold von der Schweiz erhielt.[51] Bestandteil des englisch-französisch-türkischen Abkommens vom 19. Oktober 1939 war eine Zusage über einen 15-Millionen-Dollar-Kredit an die Türkei; dies entsprach dem Gegenwert von 64 Tonnen Gold.[52] Die Alliierten bezifferten die deutschen

[49] Knatchbull-Hugessen an Emrys-Evans, 3. November 1939, sowie TI60/973/F1.6014/10, 9. Dezember 1939, beide zitiert nach John Robertson, Turkey and Allied Strategy 1941–45, New York und London 1986, S. 67.

[50] Eizenstat 2, Anm. 53.

[51] Ebd.

[52] Selim Deringil, Turkish Foreign Policy during the Second World War, Cambridge 1989, S. 88. Siehe auch Frank G. Weber, The Evasive Neutral. Germany, Britain and the Quest for a Turkish Alliance in the Second World War,

Goldverkäufe auf dem Balkan, die größtenteils über die Türkei liefen, in ihrer besten, unmittelbar nach Kriegsende aufgestellten Einschätzung (die, wie wir sehen werden, auf erstklassigen nachrichtendienstlichen Erkenntnissen über die deutschen Operationen beruhte) auf US$ 10 Millionen.[53] US$ 10 Millionen entsprachen zu den Preisen von 1946 rund 8,8 Tonnen Gold; wenn wir dem die von der Türkischen Zentralbank genannten Zahlen dagegenhalten, müssen wir davon ausgehen, daß den Alliierten damals eine erhebliche Unterschätzung unterlaufen ist. Was ungeachtet dessen festzustehen scheint, ist der paradox anmutende Umstand, daß die deutschen Goldtransaktionen in die Türkei, obwohl sie nur einen Bruchteil der von den Alliierten getätigten Umsätze ausmachten, für die Reichsbank und die mit den Lieferungen beauftragten Privatbanken ganz offenkundig von großer Bedeutung waren.

Es ist unüblich, dem Leser das Studium derart komplexer und langer Tabellen zuzumuten, doch wir fühlen uns aus zwei Gründen berechtigt, es in diesem Fall zu tun, denn diese Tabellen sind die solidesten Belege für die Transaktionen der Deutschen Bank, die wir vorlegen können, wogegen der größte Teil dessen, was diesen Bericht sonst noch ausmacht, auf vereinzelten Briefen und auf Mutmaßungen beruht. Jedoch muß jeder Eintrag einer sorgfältigen Prüfung unterzogen werden, weil wir in die linke Spalte das jeweilige von der Reichsbank selbst benutzte Kürzel für die Herkunft des Goldes eingetragen haben. In der öffentlichen Debatte zum Thema hat sich das Interesse hauptsächlich auf die mit dem Stichwort «Melmer» gekennzeichneten Lieferungen konzentriert, weil wir eine ganze Menge über Hauptsturmführer Bruno Melmer und die Begleitumstände der SS-Goldlieferungen wissen. Ebenso wichtig, wenn auch weitaus schwieriger ist es, den Lieferungen auf den Grund zu gehen, die laut Reichsbank-Vermerk vom Oberkommando der Wehrmacht (OKW) oder von der Reichskreditkasse Paris kamen. Woher stammte dieses Gold letztendlich? Die schlichte Antwort lautet: Wir wissen es nicht. Die ominöseste der angegebenen Lieferquellen ist die «Preußische Münze». Wie bei den Nürnberger Prozessen durch Aussagen von Albert Thoms, bei der Reichsbank verantwortlich für

Columbia (Missouri) und London, 1979, S. 44f. Weber weist darauf hin, daß eine so große Goldtransaktion die Fähigkeit Großbritanniens bedrohte, die von den Briten in den USA und in Kanada bestellten Rüstungsgüter zu bezahlen. Es spricht für den hohen Stellenwert der Türkei in den britischen Planungen, daß Lord Halifax das Abkommen trotz Bedenken unterschrieb.

[53] Otto Fletcher, ‹German Gold Movements (Estimate)›, 5. Februar 1946, US NA RG 59 Decimal files 1945–49 800.5155–646. Zitiert nach Eizenstat 2, Anm. 51.

Edelmetalle, Emil Puhl, Vizepräsident der Reichsbank, und Melmer selbst bekannt wurde, gingen Schmuckstücke und andere Gegenstände aus Gold – Ringe, Brillengestelle u. ä. – von der Reichsbank zum Schmelzen an die Preußische Münze und kamen von dort zur Reichsbank zurück.[54] Auf der anderen Seite wissen wir, daß das Elektrolyseverfahren, das für die Herstellung hochreinen Münzgoldes erforderlich war, hauptsächlich von der Degussa in Frankfurt am Main durchgeführt wurde. Die Angaben in Tabelle 1 geben keinerlei Aufschluß darüber, woher das von der Preußischen Münze gelieferte Gold ursprünglich kam.

Die entscheidende Frage dieses Berichts – welcher Teil des von der Deutschen Bank umgeschlagenen Goldes sich als «Holocaust-Gold» oder «Opfergold» identifizieren läßt – können wir, wenn überhaupt, nur durch die peinlich genaue Rekonstruktion jedes einzelnen Liefervorgangs beantworten. Im Archivbestand der Preußischen Münze konnten bis heute keine einschlägigen Belege aufgefunden werden; andererseits gibt es Einträge, zu denen man eine Indizienkette aufstellen kann. Nehmen wir als Beispiel den 29. Eintrag in der Liste (Tabelle 1), gekennzeichnet mit «RKK [Reichskreditkasse] Stanislaus [sic!]». Es ist die einzige Lieferung, die mit diesem Herkunftsvermerk gekennzeichnet ist. Wir sind zu der Überzeugung gelangt, daß diese Kennzeichnung im Zusammenhang mit einem der fürchterlichsten Massaker steht, die in der Anfangsphase des Holocaust verübt wurden. Anfang Oktober 1941 beschloß die Zivilverwaltung des Bezirks Galizien, die Juden der Grenzstadt Stanislau in ein Ghetto zu pferchen, doch stellte sich heraus, daß es zu viele Menschen waren – sie paßten nicht alle in das vorgesehene Quartier. Der Höhere SS- und Polizeiführer Katzmann und der Chef der Sicherheitspolizei Tanzmann befahlen dem Kommandeur der Grenzpolizeitruppen Krüger, für die Dezimierung der jüdischen Bevölkerung zu sorgen. Am 12. Oktober, einem jüdischen Feiertag, wurden Juden in großer Zahl auf einen alten jüdischen Friedhof geführt, auf dem ukrainische Hilfstruppen zwei große Massengräber ausgehoben hatten. Zehntausend bis zwölftausend Juden – Männer, Frauen und Kinder – wurden an diesem «blutigen Sonntag», wie er von da an genannt wurde, massakriert.[55] Wie aus dem mit «RKK

[54] Veröffentlichung der Protokolle der Nürnberger Kriegsverbrecherprozesse, 130. Verhandlungstag, 15. Mai 1946, BA, RG 260, 11/381/11.

[55] Zur Geschichte dieses Massakers siehe Ulrich Herbert (Hrsg.), Nationalsozialistische Vernichtungspolitik 1939–1945. Neue Forschungen und Kontroversen, Frankfurt a. M. 1998, S. 56–59, sowie noch detaillierter bei Dieter Pohl, Nationalsozialistische Judenverfolgung in Ostgalizien 1941–1944. Organisation und Durchführung eines Massenverbrechens, München 1997, S. 144–147. Wie Pohl berichtet, mußten die verschont gebliebenen Juden durch ihren *Judenrat* die

Stanislaus [sic!]» gekennzeichneten Eintrag hervorgeht, wurde am 14. Mai 1942 ein Goldbarren im Gewicht von 3,2kgf bei der Reichsbank eingeliefert. Es scheint eine plausible Annahme zu sein, daß dieses Gold die Ausbeute des sechs Monate vorher verübten Massakers war oder daß es bei Razzien den Überlebenden im Ghetto abgenommen wurde. Bei Lieferungen, die von anderen Reichskreditkassen kamen, handelte es sich möglicherweise ebenfalls um Gold von Opfern der NS-Verfolgung; nach dem gegenwärtigen Kenntnisstand läßt sich dies jedoch weder behaupten noch verneinen.

Wie wir aus den Forschungen Raul Hilbergs wissen, hatte Himmler darauf bestanden, die Besitztümer ermordeter Juden einzuziehen und sorgfältig und getrennt zu erfassen. Im Rahmen der «Aktion Reinhard», die ungefähr zum Zeitpunkt des Massakers von Stanislau anlief, hatte SS-Oberscharführer Odilo Globocnik die Verantwortung für das lückenlose Einsammeln jüdischer Gelder, Schmuckstücke, Goldbarren und Silberwaren dem SS-Sturmbannführer Wippern übertragen. Kein Pfennig durfte abgezweigt werden. Es handelte sich nach Meinung Himmlers voll und ganz um «Reichseigentum».[56] Himmler hatte ausdrücklich die Einrichtung sogenannter «schwarzer Kassen» durch ranghohe SS-Offiziere untersagt, nachdem viele von ihnen geraubte Wertgegenstände zu Geld gemacht und dieses in private Geschäfte oder Unternehmen investiert hatten.[57]

Am 13. Mai 1943 übersandte SS-Gruppenführer August Frank, seit Februar 1942 Chef der Amtsgruppe A, «Truppenverwaltung», im SS-Wirtschaftsverwaltungshauptamt,[58] Himmler eine minutiöse Bestandsaufnahme der Zahl der Herrenarmbanduhren (94.000), Damenarmbanduhren (33.000), Füllfederhalter (25.000), Rasierklingen, Rasierapparate usw., die den ermordeten Juden abgenommen worden waren. Das Schreiben, in dem auch dargelegt wurde, wie und an wen diese Gegenstände weitergegeben und wie sie wiederverwendet wurden, war mit der zweideutigen Überschrift «betrf.: Verwertung des jüdischen Hehler- und Diebesgutes» versehen, als ob

Munition bezahlen, mit der ihre Glaubensbrüder erschossen wurden. Krüger veranstaltete am Abend nach dem Massaker eine «Siegesfeier». Pohl erwähnt nichts von den Juden abgenommenem Gold. Zum gleichen Thema siehe Thomas Sandkühler, «Endlösung» in Galizien. Der Judenmord in Ostpolen und die Rettungsinitiativen von Berthold Beitz, 1941–1944, Bonn 1996.

[56] Raul Hilberg, Die Aktion Reinhard, in: Eberhard Jäckel, Der Mord an den Juden im Zweiten Weltkrieg, Stuttgart 1985, S. 131.

[57] Das SS-Wirtschafts-Verwaltungshauptamt und die unter seiner Dienstaufsicht stehenden wirtschaftlichen Unternehmungen (Mindener Bericht), in Walter Naasner, SS-Wirtschaft und SS-Verwaltung, Düsseldorf 1998, S. 184.

[58] Ebd., Biographischer Anhang, August Franz Frank, S. 329ff.

die Räuber nicht die SS, sondern die Juden wären. Man hatte jedoch andere Probleme. Ein Teil der erbeuteten Wertsachen – Sammlermünzen, goldene Schreibfedern, Briefmarkensammlungen, alte Uhren – konnte nicht einfach zur Weiterverwendung der Wehrmacht übergeben oder versteigert werden. So fragte Frank bei Himmler an, ob

> «1) die Sammlermünzen an das Geldmuseum der Reichsbank abgegeben werden können,
>
> 2) was mit den Briefmarkensammlungen geschehen soll,
>
> 3) ob die Uhren an die Reichsbank zum Auslandsverkauf abgegeben werden dürfen oder ob diese Uhren oder ein Teil davon (von den schönsten und wertvollsten Stücken) zur besonderen Verwendung zurückgehalten werden sollen.
>
> Auch eine Anzahl Füllfederhalter und Drehbleistifte aus purem Gold sind vorhanden. Sollen diese an die Reichsbank zum Auslandsverkauf oder zum Einschmelzen abgegeben werden?»[59]

Dieses Dokument ist die dichteste Annäherung an die Hintergründe der sogenannten Melmer-Lieferungen, die die Quellen hergeben. Wie wir aus der beeideten Aussage des Hauptsturmführers Bruno Melmer wissen, diente er von 1942 bis 1944 als Leiter der «Amtkasse-Hauptabteilung A/II/3». Sein unmittelbarer Vorgesetzter war SS-Obersturmbannführer Gustav Eggert, Chef des Amtes A/II, Kassen- und Besoldungswesen. Befehlshaber der gesamten Amtsgruppe A war just jener August Frank, aus dessen Schreiben soeben zitiert wurde.[60] Aus den nach Kriegsende gemachten Aussagen der Eingeweihten und aus den umfangreichen Listen, die die US-Armee im Mai 1945 nach der Entdeckung des Bergwerkstollens im thüringischen Merkers anfertigte, in dem die Reichsbank-Schätze und übrigens auch der Leiter ihrer Edelmetall-Abteilung, Albert Thoms, versteckt waren, ging hervor, daß die erbeuteten Wertsachen, die an die Reichsbank geliefert wurden, zum größten Teil in Form sortierter Einzelstücke, wie Frank sie in seiner Liste aufgeführt hatte, eintrafen.[61]

Ein Unsicherheitsfaktor, der bleibt, ist die Tatsache, daß, während die Melmer-Lieferungen eindeutig als solche gekennzeichnet sind, das «Stanislau»-Beispiel zeigt, daß Gold, das Juden bei Tötungsak-

[59] Frank an Himmler, 13. Mai 1943, BA, NS19/1918.

[60] Eidesstattliche Erklärung Melmers vom 6. November 1947, BA RG 260, 11/381/11, sowie Walter Naasner, SS-Wirtschaft, 2.14.3, Organigramm des SS Wirtschafts-Verwaltungshauptamts v. 3. 3. 1942, S. 242.

[61] Vgl. die Aussagen von Walther Funk, 6.–7. Mai 1946, Emil Puhl, 15. Mai 1946, Albert Thoms (signierte schriftliche Erklärung), 29. Mai 1945 und 15. Mai 1946, alle Nürnberg, sowie Data re: SS Loot (from Reichsbank-Melmer Account), BA, RG 260 11/381/8–11.

tionen außerhalb des Vernichtungslagersystems abgenommen wurde, auch auf anderen Wegen als über Melmer zur Reichsbank gelangen konnte. Das Beispiel «Stanislau», das wir mindestens per Indizienbeweis einem Massaker zuordnen können, wirft den beunruhigenden Verdacht auf, daß ein großer, ja vielleicht der größte Teil der Goldlieferungen, die die Reichsbank im Barrenbuch «Verschiedene Barren» einbuchte und später an die Deutsche Bank verkaufte, Beutegold war; als Tatsache behaupten können wir das freilich nicht.

Ein anderes grausiges Faktum ist, daß «Zahngold» auftauchte, das aus den Gebissen getöteter (oder in manchen Fällen auch noch lebender) Juden herausgerissen worden war. Die verläßlichsten Anhaltspunkte für die Menge dieses Zahngoldes, wie im übrigen der gesamten Melmer-Lieferungen, bieten die amerikanischen Akten, die wenige Wochen nach Kriegsende angelegt wurden. Das Team der Finance Division der US-Armee, das die im thüringischen Bergwerk Merkers gefundenen Schätze erfaßte, konnte rekonstruieren, welche jeweiligen Mengen der verschiedenen Wertsachen in den Melmer-Lieferungen enthalten waren. Das Team legte seine Arbeitsergebnisse in einem vom 15. Mai 1945 datierenden Bericht mit dem Titel «Recapitulation of Proceeds: Melmer Deliveries» vor. Eine Chronik der Lieferungen wurde erstellt, offenbar von einem deutschen Reichsbank-Mitarbeiter, möglicherweise von Albert Thoms selbst. Sie diente den US-Ermittlern als Leitfaden, um herauszubekommen, ein wie großer Teil der in jeder der 76 Melmer-Lieferungen enthaltenen Wertsachen verwertet worden war. Schließlich versuchte das Team, zu einer realistischen Schätzung sowohl des Gesamtwerts als auch der Werte für die einzelnen Sorten der Wertsachen zu gelangen. Deutsche und ausländische Banknoten sowie Gold- und Silbermünzen hatten sich am schnellsten zu Geld machen lassen. Bei Wertpapieren und anderen Wertsachen dauerte es wesentlich länger. Neun «Teilabrechnungen» für die Verwertung der Beute wurden von der Reichsbank komplett durchgeführt, eine zehnte war bei Kriegsende gerade angelaufen. Diese Teilabrechnungen summierten die Verwertung der ersten 44 Melmer-Lieferungen sowie eine Teilverwertung von weiteren 14 Lieferungen. Die Wertsachen der restlichen Melmer-Lieferungen kamen nicht mehr zur Verwertung durch die Reichsbank – aus diesem Grund fiel den Amerikanern im Bergwerk Merkers eine so große Menge an Melmer-Beutegut in noch unveränderter Form in die Hände. Unter der Überschrift «Evaluation of the Loot» summierte das US-Team die Werte aus den Reichsbank-Listen und gelangte zu einer Gesamtsumme von 23.455.781,96 RM, wovon 1.074.391,00 RM auf «Zahngold» und beschädigte oder fragmentierte Schmuckstücke

(«Bruchgold») entfielen. Als nächstes versuchte die US-Einheit den Gesamtwert der Melmer-Lieferungen zu bestimmen:

«Unter der Annahme, daß der Durchschnittswert und die Zusammensetzung der nachfolgenden Lieferungen konstant war, können die tatsächlich erzielten Erlöse hochgerechnet werden, um eine Schätzung des Gesamtwerts aller 76 Lieferungen zu erhalten. Da die erstellten Teilabrechnungen die Verwertung der ersten 44 Lieferungen sowie eine Teilverwertung von weiteren 14 Lieferungen enthalten, erscheint die Annahme gerechtfertigt, diese Zusammenstellung tatsächlich erzielter Erlöse verkörpere ungefähr 65 Prozent des Gesamtwerts aller Lieferungen.

Ausgehend von dieser Annahme, ergaben sich folgende Werte für Zusammensetzung und Geldwert der 76 Lieferungen:

Ausländische Banknoten	RM 21,88 Millionen
Gold und Silber in Münzen und Barren	RM 10,67 Millionen
Goldschmuck und Edelmetalle	RM 1,70 Millionen
Zahngold und Schmuckteile	RM 1,65 Millionen
Wertpapiere und Briefmarken	RM 0,27 Millionen
GESAMTWERT	RM 36,17 Millionen»[62]

Wie diese Tabelle zeigt, muß die Reichsbank neben Gold auch größere Mengen Silber erhalten haben, doch gibt die Tabelle keine Auskunft über den relativen Anteil der beiden Edelmetalle; ebensowenig lassen die Zahlen eine quantitative Unterscheidung zwischen «Zahngold» und «Bruchgold» zu. Zum Zeitpunkt der Zusammenstellung dieser Tabellen stand den US-Amerikanern nicht nur Albert Thoms zur Verfügung, vielmehr hatten sie auch 26 Hefte mit genauen Aufzeichnungen über die Transaktionen Melmers; seltsamerweise wurden diese Dokumente von den US-Behörden niemals mikroverfilmt, im Gegensatz zu vielen anderen, weniger bedeutungsschweren Reichsbank-Unterlagen. Die «Melmer-Hefte» wurden später zusammen mit anderen Reichsbank-Archivalien an das Nachfolgeinstitut der Reichsbank, die Bank deutscher Länder, zurückgegeben, aus der später die Bundesbank hervorging. Unter ungeklärten Umständen verschwanden in den 1970er Jahren sämtliche 26 Hefte und sind nie wieder aufgetaucht.[63] Wir können daher nicht mit Bestimmtheit angeben, wieviel «Melmer-Gold» insgesamt existierte, sondern kennen nur die Zahlen aus den Büchern der

[62] SS-Loot and Magdeburg Books TO: A/Director, Finance Division, US Group CC. From G-5 Division, Special Finance Detachment, 15. Mai 1945. BA, RG 260, 11/381/8.

[63] Ein amtlicher Untersuchungsbericht des deutschen Bundesarchivs (‹Recherchebericht zum Verbleib der Akten der Deutschen Reichsbank›) vom 28. Juli 1998 bestätigt, daß das Deutsche Bundesministerium für Finanzen im Dezember 1976 der Vernichtung des überwiegenden Teils von 900 Aktenordnern aus dem Bestand der früheren Reichsbank zustimmte.

Reichsbank über die dortigen Goldeingänge nach dem Einschmelzen des Goldes zu Barren.

Der Bericht des US-Teams vom 15. Mai 1945 nimmt Bezug auf ein interessantes weiteres Belegstück. Am 24. November 1944 hatte die Hauptkasse der Deutschen Reichsbank einen Lieferschein ausgestellt, adressiert an die Preußische Münze und versehen mit dem Vermerk: «Betr.: 46. Lieferung (M)». Darauf sind die Liefermengen von fünf unterschiedlichen Edelmetallsorten wie «Zahnersatz Weißmetall», «Zahnersatz Gold» u.a. festgehalten, die addiert die nicht unerhebliche Menge von 64,920 kg ergaben; dazu kamen weitere 62,598 kg Silber, die weder als «Zahnersatz» noch als «Zahnbruch» gekennzeichnet waren. Drei Tage später schickte die Preußische Münze den Durchschlag einer Empfangsquittung mit einer säuberlichen Aufgliederung der empfangenen Mengen. In dieser Aufstellung ist die Rede von 5,043 kg «Zahngold» und 59,385 kg «Zahnbruch» und «Silberbruch».[64] Sowohl auf dem Lieferschein als auch auf der Quittung findet sich der Vermerk, das gelieferte Material sei zum «Einschmelzen und Probieren» bestimmt. Es gibt keinen Grund für die Annahme, daß mit den übrigen Melmer-Lieferungen nicht auf genau dieselbe Art verfahren wurde.

Die bei weitem erschöpfendste Auskunft für die Melmer-Transaktionen liefert der von der US-amerikanischen Finance Division erstellte «Monthly Report May 1945», der sie auf der Grundlage sowohl der Melmer-Akten als auch anderer, in Magdeburg aufgefundener Unterlagen folgendermaßen zusammenfaßte:

«B. Magdeburger Akten.

1. Sechzehn Säcke voller Unterlagen aus der Edelmetall-Abteilung der Reichsbank wurden in Magdeburg entdeckt. Zwei davon, mit der Beschriftung ‹Melmer› versehen, enthielten die Unterlagen über die SS-Transaktionen.

2. Wie diese Unterlagen zeigen, wurde die erste der 76 Opfergold-Lieferungen durch die SS am 26. August 1942 getätigt, die letzte am 27. Januar 1945. Die Kassenbeamten wurden angewiesen, die aus der Verwertung erzielten Erlöse dem Konto ‹Max Heiliger› gutzuschreiben.

3. Neun Zwischenberichte über den Verkauf des Beuteguts waren an die SS gegangen, der erste mit Datum vom 19. September 1942, der letzte mit Datum vom 24. November 1944. Wie aus Arbeitsunterlagen für einen zehnten Zwischenbericht hervorgeht, wurden zu diesem Zeitpunkt gerade diverse Wertpapiere, deren Herkunft bis zur fünften Lieferung (1942) zurückreichte, veräußert.

[...]

5. [...] Die wichtigsten Beutegut-Arten in der Reihenfolge ihrer Bedeutung und die Stellen, über die sie veräußert wurden, sind:

[64] Hauptkasse Reichsbank an Preußische Münze, 24. 11. 1944, sowie Empfangsquittungen vom 27. 11. 1944, BA, RG 260, 11/381/10.

a. Ausländische Banknoten und Münzen	Sorten-Abteilung
b. Schmuck	Pfandleihanstalt Berlin
c. Gold	Edelmetall-Abteilung
d. Wertpapiere	Wertpapier-Abteilung
e. *Weitere* Silber- und Goldmünzen	Edelmetall-Abteilung
Ringe mit über 90 Prozent Goldgehalt u. Bruchgold	Preußische Münze

(Unedlere Ringe über Pfandleihanstalt an Degussa verkauft).»[65]

In diesem Bericht ist nicht erwähnt, daß in vielen dieser Lieferungen, wie wir gesehen haben, Zahngold enthalten gewesen sein muß. An einigen Stellen finden sich Hinweise auf die Herkunft von Zahngold-Lieferungen. So schrieb der ranghöchste Arzt der SS, SS-Gruppenführer Grawitz, am 25. April 1942 an Oberführer Wiegand, den Höheren SS- und Polizeiführer (HSSPF) in Warschau, und teilte ihm mit, nach seinem Wissen habe die SS in Warschau «Altgold jüdischer Herkunft» eingezogen, das sich «für zahnärztliche Verwendung» eigne. Er teilte des weiteren dem persönlichen Stab des Reichsführers SS schriftlich mit, daß er ein Ersuchen um Überlassung dieses Goldes gestellt hatte. Im Juli teilte der HSSPF in Warschau dem Stab des Reichsführers mit, zwei Tonnen des «Altgoldes» seien bereits nach Lublin (dem Sitz von Globocniks Einheiten der «Aktion Reinhard» sowie der zentralen Sammelstelle für Wertsachen) übersandt worden, weitere 629 kg seien seither beschlagnahmt worden. Um die Abläufe zu zentralisieren, ordnete Himmler an, künftig sei alles Gold, gleich welcher Art und Herkunft, an Obergruppenführer Pohl als Chef des SS-Wirtschaftsverwaltungshauptamts zu liefern; letzteres werde dann die Verteilung gemäß dem Bedarf der einschlägigen Stellen vornehmen.[66] Im Oktober 1942 bestätigte Frank in einem Schreiben an Himmler, daß das «von verstorbenen Schutzhäftlingen stammende Zahn-Bruchgold auf Ihren Befehl auf das Sanitätsamt abgeliefert [wird]. Dort wird es für Zahnbehandlungszwecke unserer Männer verwendet. SS-Oberführer Blaschke verfügt über 50 kg Gold; das ist der voraussichtliche Edelmetallbedarf für die nächsten 5 Jahre. Mehr Gold für diesen Zweck zu sammeln halte ich sowohl aus Sicherheitsgründen als auch im Interesse der Verwertung nicht für angängig. Ich bitte um Bestätigung, dass das künftig aus den normalen Abgängen der K.L. [Konzentrationslager] anfallende Zahn-Bruchgold an die Reichsbank gegen Anerkennung geliefert werden darf.»[67]

[65] Ebd., Monthly Report, 29. Mai 1945, SECRET, BA, RG 260 11/381/9.
[66] Die vollständige Korrespondenz findet sich in BA, NS19/1595.
[67] Frank an Himmler, 21. Oktober 1942, BA, NS19/3929.

Abgesehen davon, daß dieses Schreiben ein Muster für das ist, was Victor Klemperer als *lingua tertii imperii* bezeichnet hat – «aus den normalen Abgängen der K.L.» –, liegt die Bedeutung dieses Dokuments auch darin, daß es den Schluß zuläßt, daß es sich von etwa November 1942 an zumindest bei einigen der Lieferungen, die in Tabelle 1 der Preußischen Münze zugeordnet sind, mit hoher Wahrscheinlichkeit um Opfergold handelte. Es wäre verlockend einfach anzunehmen, daß sich hinter jedem mit «Preußische Münze» gekennzeichneten Eintrag derselbe Vorgang verbirgt wie unter der Lieferung mit der Nummer 46. Doch leider deutet einiges darauf hin, daß zu verschiedenen Zeitpunkten, insbesondere gegen Kriegsende, große Mengen holländischer Goldmünzen zwecks Verschleierung ihrer Herkunft eingeschmolzen und in anonyme Standard-Goldbarren verwandelt wurden. Es ist eine plausible Annahme, daß im Barrenbuch verzeichnete Eingänge von der «Niederl. Bk., Amsterdam» sich auf diese Zuflüsse aus Holland beziehen; aber auch bei einem Teil der mit «Preuß. Münze» gekennzeichneten Eingänge könnte es sich um Lieferungen aus dieser Quelle gehandelt haben. Es war dies sicherlich «Beutegold» in der Sprache der amerikanischen Finance Devision, aber nicht «Opfergold» im Sinne unserer Fragestellung. Selbst wenn das Barrenbuch «Verschiedene Barren» die Schwedische Reichsbank als Quelle des Goldes angibt, kann man nicht ausschließen, daß es sich um geraubtes Gold handelte. Die Schwedische Reichsbank unterhielt nämlich, wie es dem Usus von Nationalbanken entsprach, verschiedene Depots bei der Deutschen Reichsbank in Berlin. In diese Depots war z.B. auch Gold gegangen, mit dem das Deutsche Reich im Oktober 1940 die Kreuger-Anleihen von Schweden zurückkaufte, wobei es wahrscheinlich ist, daß damit auch Raubgold aus den Nationalbanken der besetzten Staaten in die Berliner Depots der Schwedischen Reichsbank gelangte. Wenn die Schwedische Reichsbank später geringe Mengen Gold an die Reichsbank lieferte, so kam dieses Gold wohl kaum aus Stockholm, sondern eher aus ihren Berliner Depots, womit nicht auszuschließen ist, daß sich auch Raubgold darunter befand. In welcher Größenordnung sich die Entnahmen aus der niederländischen Zentralbank bewegten, zeigt ein Briefwechsel zwischen SS-Obergruppenführer Rauter und Himmler vom Dezember 1944, aus dem hervorgeht, daß im Jahr 1940 135 Millionen Goldgulden «der Reichsbank zur Verfügung gestellt» (im Klartext: den Niederländern weggenommen) worden waren; nur 5 Millionen waren in den Tresoren der Nederlandsche Bank in Amsterdam zurückgeblieben. Im Februar 1943 wurden 1,6 Millionen Goldgulden in 32 Säcken heimlich aus der Bank geschafft und in einem Versteck in Arnheim zwischengelagert, wo sie 1944 um ein Haar den Kanadiern in die

Hände gefallen wären, als diese in die Stadt eindrangen. Rauter ersuchte Himmler um die Erlaubnis, das gesamte noch vorhandene holländische Gold beschlagnahmen zu dürfen, bevor es zu spät war.[68] Wieviel Gold die Nederlandsche Bank zu diesem Zeitpunkt noch besaß, wird aus dem Schreiben Rauters nicht deutlich, und es ist denkbar, daß die Holländer im Verlauf der Kriegsjahre immer wieder bedrängt wurden, über das 1940 von den Deutschen entnommene Gold hinaus weitere Lieferungen zu tätigen, die unter anderer Bezeichnung in unserer Tabelle 1 erscheinen.

Die in der Überschrift dieses Kapitels gestellte Frage, wieviel von dem durch die Hände der Deutschen Bank gegangenen Gold denn nun «Opfergold» war, läßt sich nicht präzise beantworten. Wenn wir zunächst einmal von den mit «Melmer» gekennzeichneten Lieferungen ausgehen, dann handelte es sich um 63 Barren im Gesamtgewicht von 744 kgf, die laut «Barrenbuch» für die Deutsche Bank bestimmt waren.[69] Nach den Erhebungen der Bergier-Kommission betrug die Gesamtmenge des an die Reichsbank gelieferten Melmer-Goldes 2.577,78 kgf; somit hätte die Deutsche Bank 29 Prozent des Melmer-Goldes bezogen.[70] Wir können weiterhin als sicher unterstellen, daß die mit «Stanislaus» gekennzeichnete Lieferung von 3,2 kgf ebenfalls Opfergold war, doch von hier an haben wir keinen festen Grund mehr unter den Füßen. Würden wir alle der Preußischen Münze zugeordneten Lieferungen – 350,252 kgf insgesamt – mit hinzunehmen, kämen wir auf 1.127,5 kgf oder 22,6 Prozent des Gesamtumfangs aller Lieferungen. Da wir wissen, daß zumindest ein Teil des der Preußischen Münze zugeordneten Goldes von der niederländischen Zentralbank stammte, können wir eigentlich nur die Aussage machen, daß von dem Gold, das in den Kriegsjahren durch die Hände der Deutschen Bank ging, ein nach oben offener Teil Opfergold war, mindestens aber 747,2 kgf. Solange wir nicht mehr über die tatsächlichen Vorgänge wissen, die hinter den Kennzeichnungskürzeln des Barrenbuchs stehen, gibt es in diesen Fragen schlicht und einfach keine Gewißheit.

[68] Rauter an Himmler, Tel. 3. 12. 1944, BA, NS19/2.429.

[69] HADBB, Hauptbuch Verschiedene Goldbarren, BSG 10/09, Kontrollbuch Verschiedene Barren BSG 10/10.

[70] Bergier (1998), S. 45; Eizenstat 2 (1998). Die Eizenstat-Kommission beziffert in ihrem Vorwort die Gesamtmenge des dem Konto Melmer gutgeschriebenen Opfergoldes auf SFr 6 Millionen (4.089 kgf). Für die Diskrepanz haben wir im Moment noch keine Erklärung.

4. Die Filiale Istanbul und ihre Goldgeschäfte

Die Türkei war am Vorabend des Zweiten Weltkrieges ein ganz überwiegend agrarisches Land. Nach den Zahlen der Volkszählung von 1940 lebten in dem Staat 17.820.950 Menschen, davon 13.475.000 in Dörfern. 70% der Bevölkerung waren in der Landwirtschaft beschäftigt.[71] Schon damals gab es die heute so vertrauten Probleme der ländlichen Armut, der ausstehenden Landreform und der unzureichenden Verkehrserschließung. Dazu gesellten sich die traumatische Erfahrung der Niederlage im Ersten Weltkrieg und der Verlust an Größe und Status, der mit dem Niedergang des einst glanzvollen Osmanischen Reiches einherging. Der neue britische Botschafter in Istanbul, Sir Hughe Knatchbull-Hugessen, der sein Amt im März 1939 antrat, kannte die alte Türkei noch aus seiner Zeit im Auswärtigen Dienst vor dem Ersten Weltkrieg. Als er damals, im Oktober 1909, in Konstantinopel eingetroffen war, hatte er noch das traditionelle Lokalkolorit vorgefunden: «... den Schleier, den Fez, die Hunde. Die Derwische tanzten, die Muezzine sangen, der Sultan ließ sich jeden Freitag mit gehörigem Prunk zur Selamlik kutschieren; auf der Galata-Brücke drängten sich Typen aus aller Herren Länder, jeweils in ihren Nationaltrachten – dicke Pelze oder ‹Pushtins› aus den kalten Klimazonen drängten sich neben dünnen Gewändern aus Ägypten und Arabien.»[72]

Die Türkei, in die er jetzt zurückkehrte, hatte unter Kemal Atatürk eine erzwungene Modernisierung durchgemacht. Das Kalifat war abgeschafft, an seine Stelle war ein militant weltliches Regime getreten. Eine Verfassung war verabschiedet worden, eine Generation junger Offiziere, die gegen das alte Regime gekämpft hatte, war im Dienste des neuen Regimes alt geworden. Im November 1938 starb der große Atatürk, ihm folgte sein Offizierskamerad General Ismet Inönü nach. Wie Selim Deringil schreibt: «Inönü war der absolute Herrscher über eine Körperschaft, die die absolute Macht innehatte.»[73] Anders als sein bedeutender Vorgänger, pflegte der General einen bescheidenen Lebenswandel. Die turbulenten Feste im Präsidentenpalast hörten auf, die Kriegsjahre sahen eine einem stillen

[71] Selim Deringil, Turkish Foreign Policy, S. 21

[72] Sir Hughe Knatchbull-Hugessen, Diplomat in Peace and War, London 1949, S. 131.

[73] Deringil, Turkish Foreign Policy, S. 45.

Puritanismus huldigende türkische Regierung. Sir Percy Lorraine, Hugessens Vorgänger als Botschafter, schrieb nach London: «General Ismet Inönü ist genauso unbestechlich wie sein großer Vorgänger. Er ist fleißig und führt ein nüchternes Leben. ... Die Übergabe der Macht und des Amtes vollzog sich mit denkbar größter Zügigkeit, unter peinlichster Beachtung der konstitutionellen Vorgaben und ohne den geringsten Wellenschlag im politischen Leben des Landes zu verursachen. Die junge Republik bestand die erste schwere Prüfung, der ihre Institutionen unterworfen wurden, mit Würde und Anstand.»[74]

Die Generalskamarilla, die sich um den Präsidenten scharte, wußte, daß die Türkei sich mit den Großmächten nicht mehr messen konnte. Die Türken spielten eingedenk dieser Einsicht auf Zeit und bemühten sich verzweifelt um die Wahrung ihrer Neutralität, als Europa 1939 auf den Krieg zusteuerte. Als der Krieg schließlich da war, brachte die Türkei das Kunststück fertig, ihre Bündnispartnerschaft mit Großbritannien aufrechtzuerhalten und zugleich einen Nichtangriffspakt mit Deutschland zu schließen. Handel betrieben die Türken nachdrücklich mit beiden Kriegsparteien, und mit beiden verhandelten sie auch unaufhörlich. Trotz erheblichen Druckes sowohl von alliierter als auch von Achsenseite schafften die Türken es, sich aus dem Krieg herauszuhalten. Robert Sherwood, ein diplomatischer Mitarbeiter Roosevelts, erinnerte sich später daran, daß die Konferenz von Kairo im Dezember 1943 durch die Taubheit des türkischen Präsidenten Inönü und seines Außenministers Numan Menemencioglu erschwert wurde. «Irgendein verrückter Spaßvogel brachte in Kairo das Gerücht in Umlauf, alle Türken trügen Hörgeräte, die so perfekt aufeinander abgestimmt seien, daß sie alle im selben Moment ihren Dienst versagten – immer dann, wenn die Rede auf einen möglichen Kriegseintritt der Türkei kam.»[75]

Die Briten waren der Verzweiflung nahe. Sir Maurice Hankey nannte den türkischen Außenminister «Mister Januskopf».[76] Menemencioglu pflegte solche Anwürfe gegen die Außenpolitik seines Landes mit einer Anekdote des mittelalterlichen Humoristen Nasrettin Hoca zu beantworten: «Eines Tages ereignete sich im Dorf des Hocas ein Todesfall. Als die Freunde des Verstorbenen den Hoca fragten, wo sie sich aufstellen sollten, während der Sarg zu Grabe getragen wurde, sagte er: Es spielt keine Rolle, wo ihr steht, solange ihr nicht darin liegt.»[77]

[74] Ebd., S. 46f.
[75] Robert E. Sherwood, Roosevelt and Hopkins. An intimate history, New York 1950, S. 799.
[76] John Robertson, Turkey and Allied Strategy, S. 63.
[77] Zitiert nach Deringil, Turkish foreign policy, S. 184.

Dieses charmante Gleichnis traf den Nagel ziemlich genau auf den Kopf. Die Türkei befand sich 1939 in einer ausnehmend unbequemen Situation. Dank ihrer geographischen Lage und ihrer traditionellen Rolle als Brücke zwischen Europa und Asien kam ihr eine delikate Stellung im internationalen Beziehungsgeflecht zu. Im Norden, jenseits des Schwarzen Meeres, sahen die Türken die Bedrohung durch das Sowjetregime, das die Außenpolitik Katharinas der Großen und Alexanders II. unter neuer Flagge fortsetzte. Die Türkei versperrte den Russen den Zugang zum offenen Meer, indem sie den Bosporus zu beiden Seiten kontrollierte, wie das Osmanische Reich es seit jeher getan hatte. In der 1936 beschlossenen Konvention von Montreux hatte die Staatengemeinschaft die Souveränität der Türkei über den Schiffsverkehr durch die Dardanellen anerkannt und sie darauf verpflichtet, sämtlichen Kriegsschiffen die Durchfahrt zu verweigern. Damit war die große russische Kriegsflotte im Schwarzen Meer gefangen, und die Bedeutung der wenigen eisfreien Häfen, die Rußland besaß, schrumpfte auf Null. Im Süden und Südosten grenzte die Türkei an die französisch bzw. britisch beherrschten Staaten Syrien und Irak, im Osten auf kurzer Strecke an die Sowjetrepubliken Georgien und Armenien. Dazu kam eine gebirgige Grenzregion zu Persien. Im Westen hatte sich die Türkei einen kleinen Landzipfel auf dem europäischen Kontinent bewahrt. Hier verlief ihre Grenze zu ihren Nachbarn Bulgarien und Griechenland entlang dem Fluß Maritza. Die Mandatsstaaten, die die Großmächte nach dem Ersten Weltkrieg im östlichen Mittelmeerraum geschaffen hatten, waren allesamt früher Provinzen des türkischen Großreichs gewesen und beherbergten einen beträchtlichen türkischen Bevölkerungsanteil. Die Briten waren, um den Verkehr mit ihrer Kolonie Indien aufrechtzuerhalten, mindestens auf eine neutrale Türkei angewiesen, die Deutschen nahmen gegenüber der Türkischen Republik eine ähnlich ambivalente Haltung ein. Entschieden die Nazis sich für die Unterstützung des arabischen Nationalismus, um damit den Briten und Franzosen zu schaden, würden sie die Türken gegen sich aufbringen, die in den neuen arabischen Machthabern Usurpatoren sahen. Die Italiener verfolgten ihre eigenen Interessen. Zwischen 1911, dem Jahr, in dem Giolitti den verspäteten Versuch gestartet hatte, das Mittelmeer zum *mare nostro* Italiens zu machen, und 1939, als Mussolini Albanien besetzte und sein neues Römisches Reich ausrief, hatten die Italiener die Türkei ununterbrochen bekämpft oder zumindest bedroht. Indem Italien seit 1912 die Inselgruppe des Dodekanes besetzt hielt und wenige Kilometer vor der türkischen Ägäisküste seine Fahnen wehen und seine Schwarzhemden aufmarschieren ließ, wurde es zu einem weiteren feindlichen Nachbarn der Türkei. Die Zypernfrage führte zu Irritationen zwischen Großbritannien und der Türkei, und der Konflikt um syrisches Grenzgebiet, insbesondere um die Enklave Hatay, sorgte für Spannungen zwischen Frankreich und der Türkei.

Die begehrten Chromit-Erze stammten aus einer der politisch sensibelsten Regionen der Erde und erhöhten den Druck, der auf allen betroffenen Staaten lastete. Wie der britische Außenminister Eden 1941 dem türkischen Botschafter zu verstehen gab, war das Chrom «zum Prüfstein für die Treue der Türkei zum englisch-türkischen Bündnis» geworden.[78]

Der Bewegungsspielraum der Türken verengte sich bis 1940 stetig und schnurrte 1941 schlagartig auf ein Minimum zusammen, als Deutschland Jugoslawien und Griechenland besetzte, eine Art Protektorat über Bulgarien errichtete und damit zum direkten Nachbarn der Türkei wurde. Im Irak kam durch einen Staatsstreich im Frühjahr 1941 ein pro-deutsches Regime unter Raschid Ali an die Macht. Vichy-Frankreich, das Syrien kontrollierte, und die Sowjetunion waren Verbündete Deutschlands, und die Italiener hielten trotz der Abfuhren, die sie in Griechenland und Nordafrika erlitten hatten, nach wie vor die Dodekanes-Inseln besetzt. Es würde den Nachfahren des Hoca nicht leichtfallen, sich vom Sarg fernzuhalten.

Sowohl Großbritannien als auch Deutschland mußten in dieser Situation stark auf das diplomatische Geschick ihrer Repräsentanten in Istanbul bauen. Der Mann, der dort von 1939 bis 1944 als britischer Botschafter wirkte, Sir Hughe Montgomery Knatchbull-Hugessen, war beinahe die Karikatur eines britischen Vorkriegsdiplomaten: Der hochgewachsene, schlanke Träger eines eleganten Schnurrbärtchens entstammte altem englischen Landadel, hatte natürlich die Eliteschule Eton besucht und in Oxford am Balliol College studiert, wo er, wie es sich für einen Gentleman gehörte, einen mittelprächtigen Abschluß gemacht hatte. (Im Auswärtigen Dienst alter Prägung war es der Karriere nicht förderlich, wenn man «zu gescheit» war oder zu erkennen gab, daß man es war.) Sir Hughe dichtete humorige Verse über politische Vorgänge und hielt Dinge, die er an seinen Wirkungsstätten sah, in bezaubernden Bleistiftskizzen fest. Als der berühmte deutsche Spion «Cicero» Ende 1943 die geheimsten Depeschen Sir Hughes der deutschen Botschaft in Ankara zuspielte, zeigten sich die diplomatischen Gegenparts des Briten von dessen Stil und sprachlicher Klarheit beeindruckt. Der Führungsoffizier «Ciceros», der SS-Mann Ludwig Carl Moyzisch, war dem brutalen Chef des Reichssicherheitshauptamts, Ernst Kaltenbrunner, unterstellt. Dieser ließ ihn im November 1943 wissen:

[78] John Robertson, Turkey and Allied Strategy, S. 68.

«... ich habe mich, ehe Sie kamen, mit einem deutschen Diplomaten unterhalten, der den Englischen Botschafter in Ankara ... Sir Knatchbull-Hugessen von der gemeinsamen Tätigkeit vor dem Kriege in China kennt. Er stellte ihm ein glänzendes Zeugnis aus, nennt ihn einen hervorragenden Diplomaten, gewissenhaft, ja pedantisch, anständig im persönlichen Verkehr und in London sehr geschätzt. Er gilt als einer der besten Fern-Ost-Kenner im Foreign Office. Daß man einen solchen hochqualifizierten Mann nach Ankara schickt, beweist nur die Bedeutung, die man in London der Türkei beimißt.»[79]

Der deutsche Botschafter in der Türkei war sogar von noch größerem Kaliber. Es war Franz von Papen, ehemaliger deutscher Reichskanzler und 1933 Hitlers erster Vizekanzler. Von 1934 bis 1938 hatte von Papen als deutscher Botschafter in Österreich amtiert, nach dem Anschluß Österreichs war er abgetreten. Der deutsche Außenminister Joachim von Ribbentrop, der sein Amt seit Februar 1938 ausübte, wollte den diplomatischen Dienst auf eine der internationalen Stellung des neuen Deutschen Reichs angemessene Weise umbesetzen.[80] Er bot von Papen den Posten in Ankara an, den dieser jedoch, so erzählte er nach dem Krieg seinen alliierten Vernehmern, mehrmals ausschlug. Kurz nach dem Einmarsch Mussolinis in Albanien im April 1939 kam Ribbentrop wieder auf von Papen zu, dieses Mal mit größerem Nachdruck. Der italienische Vorstoß hatte die Türken den Engländern in die Arme getrieben, und Deutschland brauchte in Ankara dringend einen Mann von Statur. Papen, der im Ersten Weltkrieg in Palästina beim türkischen Heer gedient hatte, kannte General Inönü als alten Kameraden; er konnte, so glaubte man in Berlin, die deutsche Stellung in der Türkei wieder aufpolieren. Schließlich erklärte er sich zu der Mission bereit.[81]

Da Franz von Papen alsbald zum wichtigsten einzelnen Goldkunden der türkischen Niederlassung der Deutschen Bank aufrückte, tun wir gut daran, einen ausgiebigen Blick auf diese elegante und komplizierte Persönlichkeit zu werfen. Anders als Ribbentrop, der sein «von» einer Adoption verdankte, war der am 29. Oktober 1879 geborene Franz von Papen von echtem Adel. Er entstammte einer katholischen Dynastie, deren Stammbaum weit zurückreichte, und war geradezu der Idealtypus eines deutschen Aristokraten und Her-

[79] Ludwig Carl Moyzisch, Der Fall Cicero. Die sensationellste Spionageaffäre des Zweiten Weltkrieges, Frankfurt a.M./Heidelberg 1950, S. 104.

[80] John Weitz, Hitler's Diplomat. Joachim von Ribbentrop, London 1992 (TB-Ausg. 1997), S. 156.

[81] US NA, State Department Special Investigations RG 165.390/35/15/02 Box 745 «III. von Papen as Ambassador to Turkey», S. 9; vgl. auch Deringil, Turkish Foreign Policy, S. 70, wo die türkischen Reaktionen auf die italienische Aggression referiert werden.

renreiters. Die Türken zeigten sich beeindruckt. Außenminister Menemencioglu nannte ihn den «dernier Grand Chevalier du Reich».[82] Einen ehemaligen Reichskanzler als Botschafter geschickt zu bekommen empfanden die Türken als Ehre, und der Umstand, daß von Papen an ihrer Seite gekämpft hatte und ihre Kultur kannte, gereichte ihm zusätzlich zum Vorteil. Von Papen war ein Mann von großer persönlicher Courage. Im Februar 1942 wurde ein Anschlag auf ihn verübt. Helmut Allardt, der später selbst zum Botschafter aufstieg, erlebte den Vorfall mit:

«Als ich am 24. Februar 1942 morgens mein Haus in der Gülden Sokak, der Rosenstraße in Çankaya verließ, traf ich ihn zusammen mit seiner Frau an der Kreuzung zum Boulevard Atatürk. Ich überholte sie, begrüßte beide und beeilte mich dann, das Büro zu erreichen. Als ich gerade die menschen- und autolose Straße überquerte, erfolgte eine gewaltige Explosion; durch die damit ausgelösten Echos über die Richtung, aus der der Knall kam, getäuscht, lief ich in den Vorgarten der Botschaft, aus deren drei Gebäuden das Personal herausstürzte. Während wir noch über Herkunft und Platz der Explosion rätselten, klärten der inzwischen eingetroffene Botschafter und Frau von Papen die Frage. Die Explosion war in ihrer unmittelbaren Nähe erfolgt. Sie waren zu Boden geschleudert worden, waren aber, abgesehen vom geplatzten Trommelfell von Papens, unverletzt. Von Papens langjährige Sekretärin, Maria Rose, die in gleicher Höhe auf der anderen Straßenseite der Botschaft zustrebte, hatte auch nur gehört, aber nichts gesehen, und hatte ihnen wieder auf die Beine geholfen. Das erste Wort von Papens: ‹Verdammt! Mein bester Anzug!›»[83]

Der Attentäter hatte sich buchstäblich selbst in Stücke gebombt. Teile seines zerfetzten Körpers, darunter ein beschnittener Penis, hingen in den Zweigen der umstehenden Bäume und hatten den Botschafter und seine Frau beschmutzt. Wie von Papen in seinen Memoiren erwähnt, verhafteten die türkischen Sicherheitskräfte in der Folge mehrere Mazedonier, die anscheinend ein Training in der sowjetischen Botschaft absolviert hatten. Es wurden aber auch Gerüchte laut, die, bekräftigt vom amerikanischen OSS, wissen wollten, die Gestapo habe hinter dem Anschlag gesteckt. Von Papen schreibt: «Obwohl sogleich Stimmen laut wurden, es könnte ein neuer Versuch der Gestapo sein, mich auf solche Weise zu liquidieren, war ich doch überzeugt, man müsse den Sowjets den Vorrang geben. Meine Politik, die türkische Neutralität auf alle Fälle zu erhalten, bildete ein wesentliches Hindernis gegen den drohenden Zugriff der Russen auf die Meerengen. Also mußte ich beseitigt werden.»[84]

82 Ludwig Carl Moyzisch, Der Fall Cicero, S. 25.
83 Helmut Allardt, Politik vor und hinter den Kulissen. Erfahrungen eines Diplomaten zwischen West und Ost, Düsseldorf: Econ, 1979, S. 75.
84 Franz von Papen, Der Wahrheit eine Gasse, München 1952, S. 552.

Die distanzierte Einstellung von Papens zum Nationalsozialismus war in Berlin hinlänglich bekannt und blieb gewiß auch seinen Mitarbeitern nicht verborgen. Allardt berichtet in seiner Schilderung des Attentatsversuchs ebenfalls über Mutmaßungen, die Gestapo sei die wirkliche Drahtzieherin gewesen.[85] Die deutsche Botschaft in Ankara galt unter von Papen als eine «Zuflucht für Nazigegner».[86] Wie Helmut Allardt es formuliert: «Von Papen war es gelungen, den Kreis seiner Beamten verhältnismäßig klein zu halten – ca. fünfzig Personen – und in bezug auf Gesinnung einigermaßen ‹übersichtlich› zu halten.»[87]

An der Botschaft herrschte ein aristokratisches, katholisches und anti-nationalsozialistisches Klima. Wie Ribbentrop im Gespräch mit einem seiner Untergebenen ungehalten äußerte, war es in seinen Augen «höchste Zeit, dass die katholische Brut von Papen endgültig verschwinde».[88]

Der Katholizismus von Papens war öffentlich, passioniert, zweifellos echt, aber auch extrem vatikanisch. Papst Pius XI. hatte ihm die hohe Ehre erwiesen, ihn für seine Verdienste um die Aushandlung des Konkordats von 1933 (zwischen dem Heiligen Stuhl und dem NS-Staat) zum päpstlichen Kammerherrn zu ernennen. In den Kriegsjahren traf von Papen regelmäßig mit Monsignore Angelo Giuseppe Roncalli, dem päpstlichen Nuntius in der Türkei, zusammen und suchte seinen Rat. Als Roncalli später als Johannes XXIII. Papst wurde, ernannte auch er den 77jährigen von Papen zu einem seiner persönlichen Kammerherren.[89] Der Umstand, daß von Papen Katholik und Nazigegner war, liefert eine Erklärung dafür, daß sich unter seinen Mitarbeitern mehrere aus hohen Gesellschaftskreisen stammende Personen fanden, die der einen oder anderen deutschen Widerstandsgruppe angehörten oder nahestanden. Einer von ihnen, Dr. Erich Vermehren, lief denn auch im Februar 1944 zusammen mit seiner Frau, einer geborenen Gräfin Plettenberg, die mit den Papens verwandt war, zu den Briten über.[90] Von Papen selbst gehörte allerdings dem Widerstand weder an noch engagierte er sich dafür. Wie Allardt berichtete, hielt der Botschafter vielmehr im August 1943 nach der Rückkehr von einer Reise nach Deutschland eine Ansprache, in der er sich begeistert über die Größe Hitlers und die Aussichten Deutschlands ausließ. Allardt bemerkte hierzu: «Auf dem Weg von Berlin nach Ankara war er wie üblich einige Tage

[85] Frank Weber, The Evasive Neutral, S. 198.
[86] Helmut Allardt, Politik, S. 76.
[87] Ebd., S. 90.
[88] Franz von Papen, Der Wahrheit eine Gasse, S. 555.
[89] Helmut Allardt, Politik, S. 78.
[90] Ebd., S. 102, sowie von Papen, Der Wahrheit eine Gasse, S. 591.

Gast Hitlers auf dem Obersalzberg gewesen und wie so viele andere einmal mehr der unwahrscheinlichen Suggestivkraft seines Gastgebers erlegen. Tage vergingen, und die Wirkung der Hypnose verschwand. Von Papen wurde wieder er selbst.»[91]

Das Verhältnis Papens zu Hitler ist nicht leicht zu verstehen, auch wenn es für aus der Oberschicht stammende, reaktionäre Deutsche seiner Generation nicht völlig untypisch war. Selbst zu keiner Zeit ein Nazi, lehnte er aktiven Widerstand gegen das Regime ab, tolerierte es aber andererseits, daß seine Mitarbeiter in enger Beziehung zu jenen standen, die Widerstand leisteten. In seinen Erinnerungen weicht er Themen wie dem mörderischen Rassismus der Nazis elegant aus, die Judenvernichtung erwähnt er kaum, obwohl darüber, wie Allardt aufzeigt, schon 1943 in der deutschen Botschaft in Ankara absolut verläßliche und detailreiche Informationen vorlagen. Von Papen widmete ein Kapitel seiner Memoiren seinen erfolgreichen Bemühungen, deutschen Juden, die sich in die Türkei absetzen konnten, zur Verlängerung ihrer deutschen Pässe zu verhelfen. Das war fast schon alles, was er über den Holocaust zu sagen hatte.[92] Seine Sekretärin Maria Rose schlug ihm 1944 vor, auf seine nächste Deutschlandreise einen Revolver mitzunehmen. «Sie werden doch nicht kontrolliert. Schießen Sie den Kerl [Hitler] doch über den Haufen!» «Ja, und dann?» erwiderte von Papen. «Um mich wär's dabei nicht schade. Aber ihr – nicht nur meine Familie – würdet alle umgelegt!»[93] Von Papen übertrieb nicht. Nach dem Attentat auf Hitler vom 20. Juli 1944 genügten Verbindungen zu jedem, der irgendwie der Mittäter- oder Mitwisserschaft verdächtig war, um auf Verdacht jede Menge unschuldige Leute «umzulegen».

Noch weitaus schwerer erklärbar als Papens zwiespältiges Verhältnis zu Hitler ist die Tatsache, daß Hitler den Botschafter ungeschoren ließ. Hitler haßte Aristokraten und ließ Filmaufnahmen von zum Tode verurteilten Junkern machen, wie sie, an Fleischerhaken aufgehängt, einen qualvollen Tod starben. Er befahl die kaltblütige Ermordung zahlreicher Mitglieder der Gesellschaftsschicht, der auch Papen angehörte. Im Wissen darum gehorchte von Papen, gegen den Rat seiner Mitarbeiter, am 5. August 1944 dem Befehl, nach Berlin zurückzukehren, nachdem die Türkei schließlich und endlich die diplomatischen Beziehungen zum Reich abgebrochen hatte. Alle Welt, einschließlich des Botschafters selbst, rechnete mit seiner Verhaftung und Erschießung. Auch wenn er selbst nicht dem Wi-

[91] Ebd., S. 102.
[92] Franz von Papen, Der Wahrheit eine Gasse, S. 593 f.; Helmut Allardt, Politik, S. 82.
[93] Ebd., S. 105.

derstand angehört hatte, kannte er doch zu viele, bei denen dies der Fall gewesen war. Auch Winston Churchill erwartete nichts anderes, als daß von Papen hingerichtet würde. In seiner Rede vom 2. August 1944 vor dem Unterhaus, in der er den Bruch der Türkei mit Deutschland verkündete, wies er auf die schwerwiegenden Folgen hin, die dies haben werde, und erwähnte dabei auch, daß von Papen, der dem Blutbad vom 30. Juni 1934 mit Glück entgangen sei, dem im Gang befindlichen neuen Gemetzel wohl kaum werde entrinnen können.[94] Tatsächlich wurde von Papen weder bei der Einreise nach Deutschland noch beim Umsteigen in Dresden noch bei seiner Ankunft am Potsdamer Bahnhof in Berlin verhaftet. Als er dort aus dem Zug stieg, befand sich der normalerweise gelassene von Papen nach eigener Schilderung in einem Zustand «starker seelischer Erregung».[95] Die nächsten paar Minuten würden für ihn die Entscheidung über Leben oder Tod bringen. Eine Abordnung, bestehend aus hohen Beamten des Auswärtigen Amtes, empfing ihn mit der Mitteilung, er sei zu einer Audienz beim «Führer» vorgeladen. Sie berichteten ihm auch, wieviele ihrer Kollegen schon verhaftet waren und welche vermutlich als nächste an die Reihe kommen würden.

Am folgenden Nachmittag suchte von Papen Hitler auf und gewann den Eindruck, ein «Wrack» vor sich zu haben. Hitler war wütend und ließ Dampf ab: «Ich habe immer gewußt, daß eine hauchdünne Oberschicht mich zu beseitigen sucht. Diesen Herren wird das nicht gelingen. Ich werde meine Aufgabe führen bis zum Ende. Im übrigen ist dieser Vorfall ohne Belang. Das Gros des Offizierskorps steht fest hinter mir, und hinter mir steht auch die Jugend. Na, und Sie, Herr von Papen?»[96] Papen hat es versäumt, seine Antwort auf diese Frage zu Papier zu bringen, aber sie muß zur Zufriedenheit Hitlers ausgefallen sein. Von Papen versuchte im weiteren Gesprächsverlauf, so schildert er es in seinen Memoiren, Hitler von der Notwendigkeit eines Friedensangebots zu überzeugen, und bat ihn, das Leben eines Bismarcks, der zusammen mit anderen aristokratischen Verschwörern verhaftet worden war, zu schonen. Am Ende der Unterredung überraschte Hitler von Papen damit, daß er ihm ein kleines Kästchen überreichte, in dem sich das Ritterkreuz des Kriegsverdienstordens befand. Hitler beschloß die Audienz mit den Worten: «Sie haben dem Lande viele gute Dienste geleistet, und es ist gewiß nicht Ihre Schuld, daß Ihre Mission in der Türkei beendet ist. Sie haben dort auch an der

[94] Franz von Papen, Der Wahrheit eine Gasse, S. 601.
[95] Ebd., S. 603.
[96] Ebd., S. 605.

Kriegsfront gestanden; das beweist das russische Attentat auf Ihr Leben.»[97]

Von Papen sollte Hitler nicht wiedersehen. Nach dem Zusammenbruch des «Dritten Reichs» wurde er von den Alliierten festgesetzt, verbrachte mehrere Jahre in Haft und wurde schließlich als Kriegsverbrecher vor Gericht gestellt. Die Richter des alliierten Tribunals hatten dieselben Probleme, die uns soeben begegnet sind: Es fiel ihnen schwer, genau zu bestimmen, wo Papen eigentlich gestanden hatte und worin seine Schuld bestand. Am Ende wurde er freigesprochen und aus der Haft entlassen. Die eigentümliche Rolle, die von Papen in der deutschen Geschichte gespielt hat, und seine Aktivitäten als Botschafter in der Türkei sind von unmittelbarer Relevanz für die Beurteilung der Goldgeschäfte der Deutschen Bank, da der Botschafter und sein Personal, wie wir sehen werden, zu den gewichtigsten Kunden der Bank gehörten.

Ähnlich wie von Papen eine einzigartige Stellung innerhalb der deutschen Diplomatie einnahm, kam der Filiale Istanbul der Deutschen Bank (DBI) im Rahmen der Struktur des Unternehmens eine einzigartige Stellung zu. 1909 errichtet, überstand sie den Ersten Weltkrieg und war am Vorabend des Zweiten Weltkrieges die einzige der Deutschen Bank noch verbliebene Auslandsniederlassung. Sie unterstand direkt dem Chef der Auslandsabteilung, Richard Häussler, sowie von 1938 an dem für die Auslandsgeschäfte der Bank verantwortlichen Vorstandsmitglied Hermann J. Abs. Von 1924 bis 1938 war Edmund Goldenberg Leiter der Niederlassung. Nachdem man ihn als Juden hinausgedrängt hatte, blieb er in der Türkei und war daher in den 1950er Jahren zur Stelle, als die Auflösung der Niederlassung vollzogen wurde. Von 1938 an leiteten Kurt Hausmann und Hans Weidtman die Filiale gemeinsam. Als der Ex-Reichskanzler Franz von Papen als Botschafter in die Türkei kam, wurde er fast selbstverständlich Kunde der Deutschen Bank – schließlich hatte von Papen «von alters her in Deutschland mit der Deutschen Bank bzw. deren Filialen gearbeitet … [und ihr] den größten Teil seiner Goldgeschäfte zu[gewiesen]».[98] Wie wir noch sehen werden, eröffnete die Deutsche Bank später Golddepots nicht nur für den Botschafter, sondern auch für die Botschaft in Ankara, das Konsulat in Istanbul und zahlreiche höhere Botschafts- und Konsularbeamte. (Siehe Anhang, Tabelle 4) Die Deutsche Bank Istanbul war für von Papen so wichtig, daß er im September 1939 entschied, Hans Weidtman auf seinem Posten bei der Bank zu be-

[97] Ebd., S. 606.

[98] BA RG 260, 2/191/15; siehe auch den Anhang zu OMGUS, Investigation of the Deutsche Bank, 1946–7, Exhibit 338.

lassen, anstatt ihn sein Amt als Handelsattaché an der Botschaft antreten zu lassen, wie es in den Weisungen aus Berlin stand. Papen erklärte, Weidtman sei auf seiner Position in der Bank wichtiger als in Wehrmachtsuniform beim Attaché der Botschaft.[99] Ende 1939 schrieb Weidtman an Hermann J. Abs in Berlin, sein Verhältnis zu Seiner Exzellenz dem Botschafter sei «ausgezeichnet». Um die deutsche Stellung in der Türkei sei es hingegen nicht so gut bestellt: «Der englische Intelligenz bzw. Secret Service ist hier nicht untätig und die Stimmung uns Deutschen gegenüber denkbar schlecht. Die türkische Presse ist abscheulich.»[100] Die Bankmitarbeiter saßen auf gepackten Koffern und rechneten jeden Augenblick mit ihrer Ausweisung.

Doch dann sorgten die glanzvollen Siege vom April und Mai 1940 für einen rasanten Aufschwung der deutschen Stellung in Europa und des deutschen Ansehens in der Türkei. Zwar hatten die Türken ihren Bündnispakt mit Großbritannien und Frankreich unterzeichnet, aber es gab jetzt ja keine Französische Republik als Vertragspartner mehr, und die Türken beschlossen, sich dem Zugriff Churchills zu entziehen. Drei Tage bevor Hitler gegen die Sowjetunion losschlug, unterzeichneten das Deutsche Reich und die Türkische Republik einen Nichtangriffspakt, und am 9. Oktober wurde ein auf deutscher Seite von Dr. Carl Clodius ausgehandeltes Wirtschaftsabkommen unterschrieben, das Deutschland für die Zeit nach dem 8. Januar 1943 den Zugang zu den türkischen Chromitvorkommen sicherte und den britisch-türkischen Chromliefervertrag vom 8. Januar 1940 außer Kraft setzen würde.[101] Wie der Journalist Yunus Nadi am 20. Juni 1941 schrieb, war die Türkei jetzt «mit Großbritannien verbündet und mit Deutschland befreundet. ... Es ist nicht so, daß die Türkei durch dieses Abkommen das eine Lager verläßt und sich einem anderen anschließt.»[102] Nachdem man die Dinge in ein so heikles Gleichgewicht gebracht hatte, gewann das strategische und diplomatische Ringen um die Freundschaft der Türkei zunehmend an Intensität.

Nicht lange nach dem Abschluß des Clodius-Abkommens begann die Deutsche Bank Filiale Istanbul größere Goldgeschäfte zu tätigen. Weidtman reiste nach Berlin und traf sich mit Abs und Häussler, um die Situation zu erläutern. Wie Abs notierte: «Gewinn in sfr, um

[99] Weidtman an Richard Häussler, Auslandsabteilung Deutsche Bank, 12. September 1939, HADB, Sammelordner Filiale Istanbul.

[100] Weidtman an Häussler, 24. November 1939, HADB, Sammelordner Filiale Istanbul.

[101] John Robertson, Turkey, S. 65; Deringil, Turkish Foreign Policy, S. 117; Weber, Evasive Neutral, S. 101.

[102] Deringil, Turkish Foreign Policy, S. 122.

Das Gebäude der Deutschen Bank Filiale Istanbul im Jahre 1943

Selbstfinanzierung wegen u. wegen Reichsbk.»[103] Die Rahmenbedingungen, die die Situation definierten, resultierten aus dem glücklichen Umstand, daß die Türkei «als Verbündeter Großbritanniens und Freund Deutschlands» noch einen freien Gold- und Devisenmarkt aufrechterhielt. Sowohl Deutschland als auch die Schweiz hatten eine Zentralbank, die Gold zu festgelegten Preisen kaufte und verkaufte; es winkten also Gewinne für den Fall, daß Gold in Zürich preiswert angekauft und in der Türkei teuer weiterverkauft werden konnte. Weitere Gewinnmöglichkeiten ergaben sich aus den Kursschwankungen des türkischen Pfundes gegen den Schweizer Franken und andere Währungen, die eine fast unvermeidliche Folge des in der türkischen Volkswirtschaft herrschenden Inflationsdrucks waren. Die Türken mit ihrer autoritären Tradition hielten an amtlich fixierten Devisenkursen fest. In der Realität liefen die Dinge natürlich ganz anders. Ein amerikanischer Arbitragehändler schilderte im Mai 1942 in einem Brief an seine Frau, den der amerikanische Geheimdienst abfing, eine typische Transaktion:

«Vielen Dank für Deine letzte Eilüberweisung. Sie kam hier ein wenig spät an, was aber nicht Deine Schuld war, sondern an der Nachlässigkeit der Chase National [Bank] in New York lag. Deine Überweisung war der erste Schritt in einem sehr komplizierten Ablauf, der sich morgen vollenden wird. Als die Dollars hier eingingen, wurden dafür Schweizer Franken gekauft. Dann überwies ich das Schweizerfranken-Guthaben telegraphisch nach Zürich ... (aber die Dollars blieben hier, es gab also keinen Verstoß gegen die amerikanische Sperrung Schweizer Konten). Dort wurden die Franken gegen Gold-Napoleons getauscht. Das Gold wurde dann per Flugzeug hierher geliefert (es traf gestern ein). Gestern nachmittag bot ich das Gold zum Kauf an, und morgen werde ich den Verkauf perfekt machen. Nach Abzug sämtlicher Bankprovisionen und Telegraphengebühren werde ich $ 280 verdient haben, anders gesagt: aus den $ 500 werden $ 780 geworden sein. Mit anderen Worten: Hätte ich die Dollars gegen türkische Pfund getauscht, so hätte ich Ltq. 1.200 dafür bekommen, doch indem ich die Dollars in Franken, die Franken in Gold und das Gold in Pfund umtausche, erhalte ich jetzt Ltq. 1.800.»[104]

Die alliierten Stellen stuften Mr. O'Brien als einen «kleinen Geschäftemacher» ein, gegen den zu ermitteln sich nicht lohnte. Die Deutsche Bank Istanbul war keine kleine Geschäftemacherin; auch sie verstand solche einfachen Dreiecks-Arbitragegeschäfte zu machen, nur tätigte sie diese in weitaus größerem Maßstab. Mochte Mr. O'Brien doch 50% Gewinn auf sein kleines Investitionskapital machen, die Deutsche Bank konnte es besser. Sie konnte zum Beispiel «freie Reichsmark» oder andere auf Reichsmark lautende Obli-

[103] Karte Weidtmann [sic!], 2, HADB, Personenkartei Abs.
[104] Frank O'Brien an Mrs. Frank O'Brien, 19. Mai 1942, Cairo Intelligence summary, NA RG 131/230/38/32/02 Box 477 «Gold and Currency».

gationen (wie Reichskreditkassenscheine) zu Vorzugspreisen kaufen; sandte sie diese nach Berlin, so erhielt sie den vollen Nominalwert dieser entwerteten Papiere gutgeschrieben, konnte davon Gold kaufen und damit eine neue Runde desselben Geschäfts bestreiten. Dabei konnten nicht nur Erträge um 50% erwirtschaftet werden wie bei Dollar-Transaktionen, sondern bis zu 300 oder 400%, je nachdem wie weit unterhalb des Nominalwerts der Währungskurs und die Reichsobligationen gefallen waren und wieviele türkische Pfund man mit einer bestimmten Menge Gold kaufen konnte.

Kurt Hausmann, einer der Filialdirektoren der Istanbuler Niederlassung, erläuterte bei seiner Vernehmung durch die Alliierten nach Kriegsende, wie das System funktioniert hatte. Am 4. Oktober 1946 sagte er aus, daß die Einreichung konvertibler Reichsmarkschecks durch Diplomaten bei der DBI den ursprünglichen Anstoß für die Goldtransaktionen gegeben hatte. Da konvertible Reichsmark auf dem türkischen Markt kaum noch unterzubringen gewesen seien, habe die Bank diese Schecks nach Zürich geschickt, wo die Reichsbank sie gegen Schweizer Franken eingelöst habe, mit denen wiederum Gold gekauft worden sei, das man per Luftfracht über Wien nach Istanbul geschickt habe, wo es die DBI auf dem freien Goldmarkt verkauft und den Gegenwert in türkischen Pfund, abzüglich einer hübschen Provision, den Konten der deutschen Diplomaten oder anderer Kunden gutgeschrieben habe.[105] Eine graduelle Bestätigung für den Wahrheitsgehalt dieser Version findet sich in Anhang 4. Der erste Eintrag im Kontobuch des Papenschen Golddepots, datiert vom 31. August 1942, zeigt eine Gutschrift von 13 kgf in Ein-Kilo-Barren. Am 21. November kamen weitere 10 kgf hinzu. Die Auszüge zeigen des weiteren, daß von Papen zunächst immer nur einen oder zwei Barren auf einmal abzog, dann aber am 15. Oktober 1943 erstmals eine größere Menge, nämlich 20 Barren. Wir wissen, daß von Papen sich eine Anzahl arabischer Spitzel hielt,[106] die ihren Agentenlohn sicherlich bar auf die Hand haben wollten; der Erlös aus einem Kilogramm Feingold reichte für solche Zwecke sicher aus. Den Abzug der größeren Menge Mitte Oktober 1943 könnte man plausiblerweise mit den ersten Verhandlungen von Papens mit «Cicero» in Verbindung bringen, dem Hausdiener des britischen Botschafters, der drei Monate lang die im Tresor seines Chefs aufbewahrten Papiere photographierte und streng geheime Dokumente an die deutsche Botschaft lieferte. Nach Darstellung von Moyzisch, der von der deutschen Botschaft aus «Cicero»

[105] BA, RG 260, 2/191/15; siehe auch dokumentarischer Anhang zum OMGUS-Bericht über die Deutsche Bank, Dokument Nr. 338.

[106] F. Weber, Evasive Neutral, S. 128 und 131.

Hans Weidtman, Direktor der Filiale Istanbul 1931–1944

Kurt Hausmann, Direktor der Filiale Istanbul 1938–1944

betreute und führte, begannen die Lieferungen des Agenten erst am 30. Oktober und wurden auf Verlangen «Ciceros» nicht mit Gold, sondern mit Pfund Sterling vergolten.[107]

Alles in allem durchliefen zwischen dem 31. August 1942 und dem 5. August 1944, dem Tag der Abreise Franz von Papens aus der Türkei, insgesamt 53,5 kgf Barrengold sein Depot, dazu 39 Gold-Napoleons, 5.660 Goldflorins, mindestens 500 Goldmünzen der Lateinischen Münzunion und 1.815 «Sovereigns». Die Münzen wurden allem Anschein nach unter dem Eindruck des nahenden Kriegsendes zusammengetragen und waren wahrscheinlich als eine Art private Versicherung gedacht. Von Papens Depot war das bei weitem größte private Goldguthaben bei der Filiale Istanbul der Deutschen Bank; es belief sich auf 104.149 kgf oder 104.729 kgf, je nachdem wie man einen schwer leserlichen Eintrag im Kontobuch deutet. Auf jeden Fall entfielen auf von Papen etwas mehr als 2% des gesamten von der Deutschen Bank in die Türkei geschafften Goldes (4.967 kgf). Im Depotbuch der Filiale findet sich auch eine Auflistung der Aktien, die für den «außerordentlichen und generalbevollmächtigten Botschafter des Deutschen Reichs in der Türkei, Herrn Franz von Papen» verwaltet wurden. Sein Portefeuille umfaßte 20 Aktien der American Bemberg Corporation, die in New York verwahrt waren, ferner Papiere der Snia Viscosa. Von letzteren kaufte er im März 1940 25 Stück an der Mailänder Börse und verkaufte sie im Februar 1942, als sie gesplittet wurden, zur Hälfte wieder. Im Zuge der Liquidierung der Deutschen Bank Istanbul wurden die verbliebenen 25 Snia- und 20 Bemberg-Aktien am 7. April 1960 mit dem Vermerk «zugunsten Herrn von Papen» zur Deutschen Bank Düsseldorf transferiert.

Franz von Papen war kein armer Mann und bestimmt kein Dummkopf. Bei Antritt seines Botschafterpostens eröffnete er ein Konto bei der Deutschen Bank Istanbul und deponierte dort seine Wertpapiere, und es ist durchaus vorstellbar, daß die Goldvorräte, die er hier anhäufte, teilweise oder ganz der privaten Vermögensbildung dienten. Zum damaligen amtlichen Kurs von US$ 1.125 pro kgf gerechnet, belief sich der Gesamtwert des von Papenschen Goldguthabens auf $ 117.820, was nicht unbedingt ein Vermögen war. Der Spion «Cicero» erhielt für jede Lieferung 30.000 britische Pfund, was nach damaligem Umtauschkurs ungefähr $ 144.000 entsprach. Fast alle anderen Privatkunden der Deutschen Bank Istanbul kauften gegen Kriegsende kleinere Mengen Goldes, ganz offenkundig, um für den Fall, daß sie das Land verlassen müßten, einen Notgroschen zur Verfügung zu haben.

[107] L. C. Moyzisch, Der Fall Cicero, S. 45.

Die Fragestellung, mit der wir hier angetreten sind, erweitert sich somit um einen neuen Aspekt. Gemessen am Umfang der Goldtransaktionen der Deutschen Bank Istanbul, waren die Privatkunden und sogar die Deutsche Botschaft sehr kleine Faktoren. Die von Kurt Hausmann gegebene Erklärung war gewiß zutreffend, deckt aber doch nur einen Teil der Geschichte ab. In Tabelle 4 des Anhangs findet sich ein weiteres Goldkonto, das sogenannte «Gold-Bestands-Konto II», in dem erheblich höhere Beträge auftauchen. Wie aus der Spalte mit der Bezeichnung «Barrengold» hervorgeht, befanden sich in diesem Depot insgesamt 275 kgf, zur Verfügung der Deutschen Bank Berlin. Bildet man die Summme aller in diesem Konto aufgeführten Barren und Münzen, ergibt sich ein Gesamtvolumen von 391.744 kgf. Das Galata-Depot, in dem alle übrigen Einzelkonten zusammengefaßt waren, umfaßte insgesamt 533.966 kgf. Somit ergibt sich als Summe dieser Guthaben 925.71 kgf oder 18,6% des Goldes, das nach unseren Erkenntnissen insgesamt über die Creditanstalt in Wien in die Türkei ging, um dort verkauft zu werden. Was wurde aus den restlichen 81,4%? Wir wissen es nicht.

Alliierte Beobachter, die über ausgezeichnete Informationsquellen sowohl innerhalb der Deutschen Bank Istanbul als auch bei anderen deutschen Einrichtungen verfügten, faßten ihre Mutmaßungen in einem ausführlichen Bericht von Anfang Juni 1943 über deutsche Goldtransaktionen zusammen. Darin heißt es über das aus Deutschland in die Türkei geschaffte Gold unter anderem, es liege

> «in Gestalt unterschiedlicher Münzen-Sortimente und eigens eingeschmolzener Barren vor, und der Verdacht [liegt] sehr nahe, daß es sich um Raubgut handelt. Daß die Türkei als Absatzmarkt für Raubgut dient, dafür sprechen auch Hinweise, daß Gold (auch in Form von ‹Fertigwaren›, vermutlich Kunstgegenständen), das in Deutschland für Rechnung der deutschen Banken in der Türkei gekauft wird, zum Einschmelzen nach Frankfurt geschickt wird, bevor es in die Türkei kommt. Von einschlägiger Bedeutung könnte auch die Beobachtung sein, daß das Goldinventar der Deutschen Bank Istanbul zum Stichtag 30. April 1943 unter anderem ‹Schmuckstücke im Wert von TL 251.000› verzeichnet ... Solange keine Anhaltspunkte vorliegen, die auf das Gegenteil hindeuten, scheint die Annahme plausibel, daß Geld in Landeswährung, das Deutsche gegen Goldzahlung erwerben, hauptsächlich zur Deckung von Ausgaben in nichtkommerziellen Bereichen dient. Dazu könnten etwa Kosten für Propaganda gehören, für Agenten usw., aber auch die Bestreitung von Ausgaben, die im Zusammenhang mit diversen von deutschen Firmen in der Türkei acquirierten Bauaufträgen stehen, wie etwa der Auftrag zum Ausbau des Fernmeldewesens oder der Denyap-Plan für den Bau von Motorschiffen auf dem Bosporus.»[108]

[108] H.W. Auburn, British Embassy to S.S. Gilbert, US Treasury, 24. September 1943, US NA RG 131.230/38/32/02 Box 477, «Gold and currency».

Die zutreffende Darstellung der Herkunft des Goldes und der Wege, auf denen es nach Istanbul gelangte, spricht, ebenso wie die detaillierten und präzisen Angaben über die Goldvorräte der Deutschen und der Dresdner Bank zum Stichtag 30. April 1943 (für die Deutsche Bank waren angegeben: 13 kg in Barren, 21.775 Goldmünzen sowie Schmuck im Wert von Ltq. 215.125, d.h. insgesamt ein Wert von Ltq. 970.446[109]), für die Annahme, daß auch die allgemeineren Schlußfolgerungen der alliierten Beobachter zutrafen. Der Bericht enthält die Berechnung, daß in der Zeit zwischen dem 1. Januar und dem 15. Mai 1943 deutsches Gold im Wert von annähernd Ltq. 5 Millionen (das entsprach 3,5 Tonnen) in die Türkei gelangte, wovon 2,3 Millionen an die deutsche Botschaft in Ankara gingen.[110] Das stimmt ganz gut mit der groben Schätzung überein, die wir weiter oben angestellt haben. Wenn wir davon ausgehen, daß die Goldlieferungen in die Türkei bereits von Mitte 1942 an etwa in demselben monatlichen Umfang erfolgten wie danach, in den ersten fünf Monaten des Jahres 1943, so kommen wir für den gesamten Zeitraum zwischen Mai 1942 und April 1944 ohne weiteres auf ein Volumen von zehn bis zwölf Tonnen Gold. Solange uns keine Zahlen für die Goldgeschäfte der türkischen Niederlassung der Dresdner Bank vorliegen, können wir nicht viel mehr als das sagen.

Eine weitere Auffälligkeit an der Liste der einzelnen Goldkunden ist erwähnenswert: Bei 10 der 27 Kunden handelte es sich um hohe Beamte entweder der deutschen Botschaft in Ankara oder des deutschen Konsulats in Istanbul: von Papen, sein Stellvertreter Jenke (ein Schwager Ribbentrops), Haensel, von der Marwitz, Morell, Freiherr von der Mühlen, Rohde, Stille, von Twardowski, von Walther. Drei weitere Personen, bei denen als Wohnsitz lediglich «Ankara» angegeben war – Imberg, Kettembeil und Zapp –, gehörten vermutlich ebenfalls zum Botschaftspersonal. Paul Schmitz war ein deutscher Journalist, der für die Zeitschrift *Transozean* schrieb und in Geheimverhandlungen als diplomatischer Zwischenträger fungierte.[111] Zwei weitere Kunden, Dr. Theodor Barth und Gustav Müller, waren als Angestellte der Deutschen Bank ausgewiesen. Unter den restlichen finden sich nur zwei, die sich eindeutig identifizieren lassen, und beide sind interessante Figuren. Professor Rudolf Belling, ein bekannter Bildhauer, war ein politischer Flüchtling. Er war bekennender Linker, und seine Werke waren 1937 in der berüchtigten Ausstellung «Entartete Kunst» gezeigt, d.h. gebrandmarkt worden. Er hatte sich in die Türkei abgesetzt und war an der Istanbuler

[109] Ebd., Anm. 4, S. 2.
[110] Ebd., Abs. 13, S. 2.
[111] F. Weber, The Evasive Neutral, S. 139.

Kunstakademie als Professor untergekommen. Kurt Freiherr von Lersner war bekennender Katholik und ein alter Diplomatenkollege von Papens; er hatte vor dem Krieg die I.G. Farben in der Türkei repräsentiert. Von Lersner war Halbjude, in der Terminologie der Nazi-Rassisten ein «Mischling ersten Grades», und vermutete, wie er Papen 1939 anvertraute, daß die Gestapo hinter ihm her war. Von Papen nahm ihn daraufhin in die Türkei mit und ernannte ihn zum Präsidenten des Orient-Vereins. Daneben setzte er ihn als Verbindungsmann zum Vatikan ein.[112] Augenfällig ist an der Liste der Kunden auch der hohe Anteil Adliger – was mit der bereits erwähnten, charakteristischen Zusammensetzung der von-Papen-Mannschaft zusammenhing: von Lersner, von der Marwitz, von Mühlen, von Papen, von Twardowski, von Walther. Diese Kundenliste reflektiert einen Aspekt der Deutschen Bank, auf den wir an anderer Stelle bereits hingewiesen haben: ihre Rolle als Refugium für katholische und anti-nationalsozialistische Elemente.

Im Sommer 1942 verschärfte der türkische Staat seine Devisenkontrollbestimmungen und unterband die Ausfuhr von Devisen durch im Land ansässige Ausländer. Die DBI mußte daraufhin ihr Goldgeschäft überdenken, wie alle anderen Marktteilnehmer auch. Anfang Juli 1942 entsandte die Reichsbank zwei ihrer Spitzenbeamten, Albert Thoms (den uns bereits bekannten Leiter der Edelmetall-Abteilung) und Kurt Graupner (den Chef der Devisen-Abteilung), mit einer Direktlieferung von 2.000 kg Goldbarren, die für die türkische Zentralbank bestimmt waren, nach Istanbul. Während sie sich in der Stadt aufhielten, suchten sie Hausmann und Weidtman auf und arbeiteten mit ihnen zusammen neue Zahlungsmodalitäten aus, die darauf abzielten, die verschärften türkischen Vorschriften zu umgehen. Sie statteten auch der Konkurrenz einen Besuch ab: der Deutschen Orientbank, die in Istanbul die Geschäfte der Dresdner Bank besorgte.

Die DBI-Direktoren trugen den Reichsbankbeamten ihre Idee vor, für die DBI bei der Reichsbank ein «Gold-Sichtkonto» zu eröffnen. Jede Zahlung, die die DBI von da an für die Reichsbank in der Türkei durchführte, sollte automatisch in die entsprechende Feingoldmenge umgerechnet und dem Gold-Sichtkonto gutgeschrieben werden. Immer wenn sich auf dem Konto ein Guthaben angesammelt hatte, das dem Wert eines Barrens von 12,5 kgf entsprach, würde die Reichsbank der Deutschen Bank einen Standardbarren zum amtlichen Preis von 2.790,00 RM pro kgf verkaufen. Am 8. August 1942 stimmte das Präsidium der Reichsbank der Eröffnung eines solchen Gold-Sichtkontos für die Deutsche Bank

[112] Franz von Papen, Der Wahrheit eine Gasse, S. 557.

Franz von Papen, deutscher Botschafter in der Türkei 1939–1944

Das Personal der deutschen Botschaft in Ankara v. l. n. r. Marine-Attaché Admiral von der Marwitz, Legationsrat Dr. Allardt, Botschafter von Papen, Botschaftsrat Dr. Kroll, Militär-Attaché General Rohde, Luft-Attaché Morell. Fast alle Botschaftsangehörigen unterhielten ein Golddepot bei der Deutschen Bank Filiale Istanbul.

Istanbul zu. Durch den Austausch von Briefen und Unterschriften wurden die Modalitäten der telegrafischen Kommunikation festgelegt und darüber hinaus vereinbart, daß die DBI 3,20 türkische Pfund für das Gramm Feingold bezahlen und daß die DBI die türkische Währung zu diesem Kurs den Gläubigern der Reichsbank in Istanbul auszahlen würde.[113] Zwar liefen auch weiterhin noch einige Transaktionen über die Schweiz, aber die Verschärfung der Schweizer Vorschriften im Bereich des Goldhandels und der Goldausfuhr machte das neue Verfahren wesentlich vorteilhafter. Die Dokumente, die Aufschluß über diese komplizierten Vorgänge geben, ließen sich sicherlich leichter entschlüsseln, wenn uns mehr begleitende zeitgenössische Korrespondenz dazu vorläge. Aus ihnen wird jedoch deutlich, daß die DBI nach und nach ihre Goldvorräte aus Zürich abzog, so daß bei Kriegsende ihr Depot bei der Schweizerischen Kreditanstalt (SKA) nur noch 307 kgf in Barren, 1.122 «Lateiner» (Goldmünzen aus der von Frankreich dominierten Währungsunion der 1860er Jahre) und 105 «Kings» (britische Gold-Sovereigns) enthielt.[114] Gewiß mußte sich die Deutsche Bank, als mit zunehmender Kriegsdauer auch die Schweizer immer nervöser wurden, mit Restriktionen von allen Seiten herumschlagen. Hermann J. Abs, der Stichworte seiner Unterredungen im Telegrammstil, in winziger Handschrift notierte, hielt den Inhalt einer Besprechung mit Hans Weidtman am 12. November 1942 in den Worten fest: «Er klärt Goldgeschäfte + Margen auf. ... Schweizer Haltung in Goldfragen. Gewinne in Istanbul.»[115] Bei Kriegsende stand Zürich, soweit es die Goldbestands-Kontobücher der DBI anging, weitgehend im Schatten Istanbuls. Zwischen dem 23. April 1942 und dem 31. Juli 1944 waren 3.917 kgf von der Reichsbank über die CABV in Wien direkt nach Istanbul gelangt. Wenn man das Depot der DBI bei der Schweizerischen Kreditanstalt, das allmählich abgebaut wurde, mit einbezieht, erhöht sich das Gesamtkontingent des von der Reichsbank bezogenen Goldes auf 4.143 kgf von insgesamt 4.967 kgf, die in Istanbul veräußert wurden. Das in Istanbul verkaufte Gold stammte zu 83,4 Prozent von der Reichsbank, die restlichen 16,6 Prozent

113 HADB, F40/6.

114 Siehe ‹Goldbestandskonto. An- und Verkaufsgoldkonto der Deutschen Bank Filiale Istanbul 1945›, HADB, F40/10; siehe ferner Schreiben der Schweizerischen Kreditanstalt an Deutsche Bank Istanbul vom 18. Februar 1960, HADB, ZA 2/3. Das Goldkonten-Hauptbuch der Filiale Istanbul verzeichnete einen Barrenbestand von insgesamt 311 kg; tatsächlich befanden sich aber nur 307 kg in dem Depot in Zürich. Die Differenz von 4 kg wurde im Zuge der Liquidation der Filiale Istanbul zum Auslöser hochnotpeinlicher Ermittlungen. Die Ursache für die Diskrepanz konnte jedoch nicht befriedigend geklärt werden.

115 Karte Weidtmann [sic!], II, 4, HADB, Personenkartei Abs.

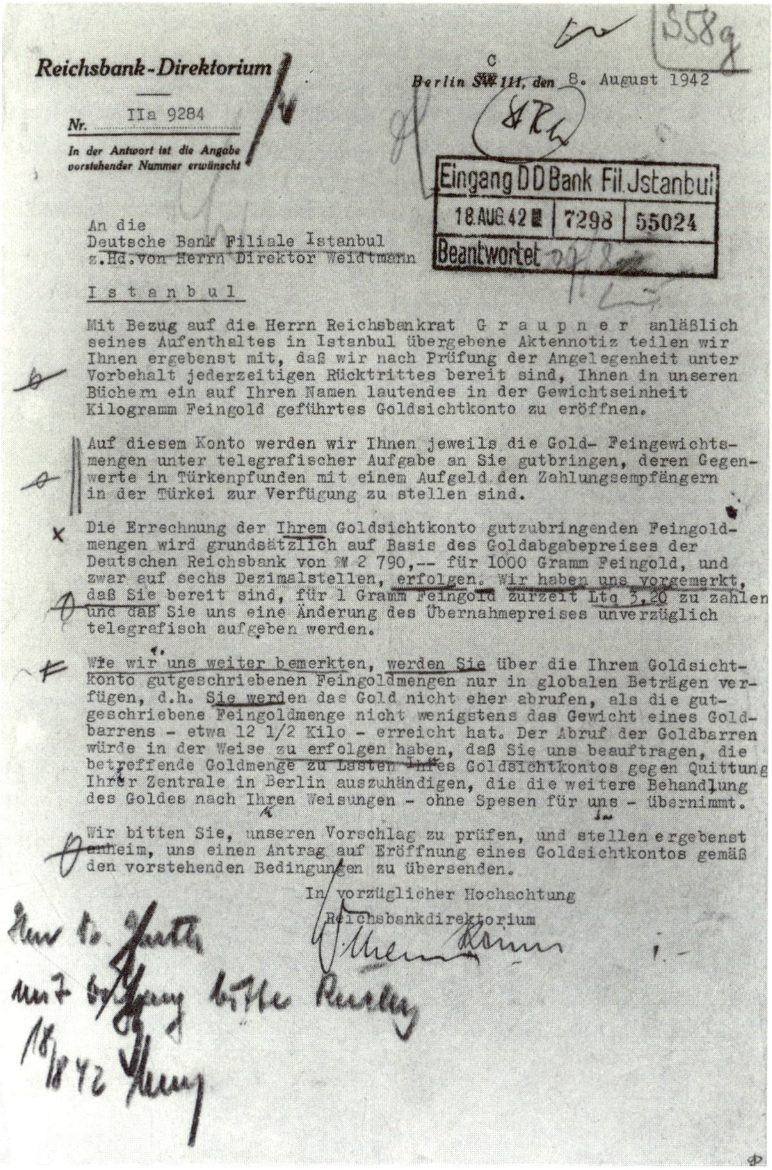

Reichsbank-Direktorium

Nr. IIa 9284

In der Antwort ist die Angabe vorstehender Nummer erwünscht

C
Berlin SW 111, den 8. August 1942

Eingang DD Bank Fil. Istanbul | 18. AUG. 42 | 7298 | 55024 | Beantwortet

An die
Deutsche Bank Filiale Istanbul
z.Hd.von Herrn Direktor Weidtmann

I s t a n b u l

Mit Bezug auf die Herrn Reichsbankrat G r a u p n e r anläßlich seines Aufenthaltes in Istanbul übergebene Aktennotiz teilen wir Ihnen ergebenst mit, daß wir nach Prüfung der Angelegenheit unter Vorbehalt jederzeitigen Rücktrittes bereit sind, Ihnen in unseren Büchern ein auf Ihren Namen lautendes in der Gewichtseinheit Kilogramm Feingold geführtes Goldsichtkonto zu eröffnen.

Auf diesem Konto werden wir Ihnen jeweils die Gold- Feingewichtsmengen unter telegrafischer Aufgabe an Sie gutbringen, deren Gegenwerte in Türkenpfunden mit einem Aufgeld den Zahlungsempfängern in der Türkei zur Verfügung zu stellen sind.

Die Errechnung der Ihrem Goldsichtkonto gutzubringenden Feingoldmengen wird grundsätzlich auf Basis des Goldabgabepreises der Deutschen Reichsbank von RM 2 790,-- für 1000 Gramm Feingold, und zwar auf sechs Dezimalstellen, erfolgen. Wir haben uns vorgemerkt, daß Sie bereit sind, für 1 Gramm Feingold zurzeit Ltq 3,20 zu zahlen und daß Sie uns eine Änderung des Übernahmepreises unverzüglich telegrafisch aufgeben werden.

Wie wir uns weiter bemerkten, werden Sie über die Ihrem Goldsichtkonto gutgeschriebenen Feingoldmengen nur in globalen Beträgen verfügen, d.h. Sie werden das Gold nicht eher abrufen, als die gutgeschriebene Feingoldmenge nicht wenigstens das Gewicht eines Goldbarrens - etwa 12 1/2 Kilo - erreicht hat. Der Abruf der Goldbarren würde in der Weise zu erfolgen haben, daß Sie uns beauftragen, die betreffende Goldmenge zu Lasten Ihres Goldsichtkontos gegen Quittung Ihrer Zentrale in Berlin auszuhändigen, die die weitere Behandlung des Goldes nach Ihren Weisungen - ohne Spesen für uns - übernimmt.

Wir bitten Sie, unseren Vorschlag zu prüfen, und stellen ergebenst anheim, uns einen Antrag auf Eröffnung eines Goldsichtkontos gemäß den vorstehenden Bedingungen zu übersenden.

In vorzüglicher Hochachtung
Reichsbankdirektorium

Bestätigung des Reichsbank-Direktoriums über die Einrichtung eines Goldsichtkontos zugunsten der Deutschen Bank Filiale Istanbul wahrscheinlich aus in Zürich getätigten Käufen. Das Ende dieses lukrativen Handels – die DBI kaufte das Gold zum amtlich festgesetzten Preis und verkaufte es auf dem offenen Markt zu höheren Preisen – kam am 3. August 1944, als die Türkei die diplomatischen Beziehungen zum «Dritten Reich» abbrach.[116] Der Gesamtwert des von der DBI in Istanbul verkauften Goldes belief sich auf SFr 24,44 Millionen oder $ 5.646.036 (entsprechend $ 50.249.728 nach heutiger Kaufkraft).

[116] Vgl. Eizenstat 2(1998), Allied Negotiations with Turkey Section H: Turkey's Severance of Relations with Germany and Declaration of War, 1944–45.

5. Abs, Kurzmeyer und das Kriegsende

Die Rekonstruktion der Endphase des Goldhandels der Deutschen Bank bereitet Schwierigkeiten, die eher noch größer sind als die bisher beschriebenen. Viele Filialen der Deutschen Bank fielen den alliierten Flächenbombardements zum Opfer, die Kommunikation zwischen den noch funktionierenden Außenstellen und der Zentrale wurde schwieriger. Zu den Begleiterscheinungen der Todeskrämpfe, in denen das mörderische NS-Regime sich wand, gehörte eine gnadenlose Suche nach Sündenböcken. Ein Klima der allseitigen Denunzierung zog herauf, vergiftete die Atmosphäre und sorgte dafür, daß es gefährlicher als je zuvor war, Dinge zu Papier zu bringen oder am Telefon zu besprechen. Unter solchen Bedingungen pflegen die für den Historiker wichtigsten Quellen zu versiegen. Darüber hinaus führten Bombenkrieg, Umzüge und Verlagerungen, Vertuschung und Angst zur ungewollten oder gewollten Vernichtung wichtiger Akten und Papiere.

Die Schlüsselfigur für alle Goldangelegenheiten war und blieb Hermann J. Abs, der als jüngstes, zugleich aber bereits einflußreichstes Mitglied des Vorstandes am meisten Grund hatte, sich um seine persönliche und berufliche Zukunft zu sorgen. Abs kümmerte sich im Namen des Vorstandes um das geringe Auslandsgeschäft, das noch vorhanden war; daran gemessen, erhielten die noch abzuwickelnden Goldtransaktionen zunehmende Bedeutung. Das Problem ist, daß die Rolle, die Abs bei den Goldtransaktionen der Deutschen Bank in den letzten Kriegsmonaten spielte, aus isolierten, bruchstückhaften Belegen und der wenigen erhalten gebliebenen Korrespondenz rekonstruiert werden muß.

Daß Abs sich vorsichtig verhielt, hatte gute Gründe. Unbesonnenes Gerede hatte schon zwei ranghohen Filialleitern der Deutschen Bank das Leben gekostet – beide waren wegen «defätistischer Äußerungen» hingerichtet worden. Der Leiter der Niederlassung Stuttgart, der 67jährige Hermann Köhler, war denunziert worden, weil er den Sturz Mussolinis angeblich mit den Worten kommentiert hatte, der Faschismus sei «sang- und klanglos verschwunden, bei uns werde es ebenso gehen. Der Nationalsozialismus sei ja nur ein Furz.» Ein Direktor einer anderen Bank, der mit Köhler im Zugabteil saß, meldete diese Äußerungen patriotisch dem Sicherheitsdienst. Köhler wurde für seine geschichtlich korrekte Einschätzung von dem berüchtigten Blutrichter Roland Freisler am 8. Oktober 1943 zum

Tode verurteilt und einen Monat später hingerichtet. Ein Zweigstellenleiter aus Hindenburg in Oberschlesien erlitt dasselbe Schicksal zur Strafe dafür, daß er Goebbels einen «Affen», Göring einen «vollgefressenen Wanst» und Hitler einen «Schwindler» genannt hatte.[117]

In diesem von Untergangsstimmung und Angst geprägten Klima trat am 16. September 1943 der Aufsichtsrat der Deutschen Bank zusammen, um über die düsteren Aussichten zu beraten. Das Gremium beschloß, die Unternehmensführung zu dezentralisieren, und erteilte Generalvollmachten an insgesamt zehn Filialdirektoren, zusätzlich zu den vier Direktoren, die bereits Generalvollmacht besaßen: Dr. Joachim Kessler, Alfred Kurzmeyer, Dr. Kurt Weigelt und Dr. Hans-Alfons Simon.[118] Durch die neuen Vollmachten wurde sichergestellt, daß bestimmte Direktoren der Filialen und der Zentrale selbständig im Namen der Bank handeln konnten, wenn alle Verbindungen zur Zentrale abrissen.

Direktor Alfred Kurzmeyer, der Schweizer Staatsbürger war, wurde jetzt zum einzigen sicheren Bindeglied zwischen der Deutschen Bank und ihren Goldbeständen bzw. ihrem Handel mit diesen. Der Zugang zum türkischen Markt war seit August 1944 versperrt, und die Direktoren der Istanbuler Filiale der Deutschen Bank, Hausmann und Weidtman, waren von den Türken als Bürger eines Feindstaates interniert worden. Kurzmeyer war auf einmal der einzige, der sich mit seinem Schweizer Paß frei bewegen und mit seiner Generalvollmacht im Namen der Bank agieren konnte. Aus diesem Grund schickte ihn Abs Ende 1943 nach Zürich mit dem Auftrag, als Treuhänder für die dort deponierten Währungsreserven der Deutschen Bank und ihrer Tochtergesellschaften der Deutschen Ueberseeischen Bank und der Deutsch-Asiatischen Bank zu fungieren.[119]

Alfred Kurzmeyer ist eine komplexe und nicht sonderlich einnehmende Persönlichkeit. Ins Visier der Schweizer Polizei geriet er, als er Schmuckstücke zum Verkauf anbot. Im Dezember 1944 fing die Züricher Polizei ein Telegramm an Kurzmeyer ab, dessen Inhalt ihr so verdächtig erschien, daß sie es an den Schweizer Auslandsnachrichtendienst weiterleitete: «Der Adressat des Telegrammes *Kurzmeyer* war uns bis dato nicht bekannt. Aller Wahrscheinlichkeit nach handelt es sich bei diesem Schmuckverkauf um eine Transaktion, gegen die nichts einzuwenden sein wird. Infolge der von alliierter Seite immer wieder verbreiteten Behauptungen über die deutsche Kapitalflucht nach der Schweiz legen wir indessen Wert

[117] James, Diktatur, S. 401
[118] Holtfrerich, Deutsche Bank 1945–1957 in: Die Deutsche Bank, S. 418.
[119] Aktenvermerk Abs, 28. März 1972, HADB, V1/4917.

darauf, allen derartigen Fällen nachzugehen. Wir ersuchen Sie, dieser Angelegenheit nachzugehen und uns das Ergebnis im Doppel zu berichten.»[120] Die Schweizer Polizei stellte ein ausführliches Dossier über Alfred Kurzmeyer zusammen, dank dessen wir hier nicht nur seine Biographie skizzieren, sondern auch seine Bewegungen über die schweizerisch-deutsche Grenze zwischen November 1942 und dem 24. Februar 1945 nachzeichnen können. Alfred Kurzmeyer war am 2. September 1880 in Roggliswil im Kanton Luzern zur Welt gekommen; zum Zeitpunkt der polizeilichen Recherchen war er laut Melderegister geschieden und hatte seinen letzten festen Wohnsitz in der Ravensburger Straße 6 in Berlin-Wilmersdorf gehabt; seit Ende Februar 1944 residierte er dauerhaft im Züricher Hotel Savoy, Baur en Ville. Kurzmeyer entstammte einer politisch engagierten und einflußreichen Familie. Einer seiner Brüder war der frühere Polizeichef der Stadt Luzern, ein anderer Bruder war Generaldirektor des Luzerner Büros der Basler Lebensversicherung. Die amtlichen Ermittler fanden bei Kurzmeyer nichts, was über die Maßen verdächtig gewesen wäre, und da er Schweizer Staatsbürger war, hatten sie keine rechtliche Handhabe gegen seine «großen» Transaktionen. «Man sagt, dass Alfred Kurzmeyer einspringen musste, als die Mission und der Einfluss des deutschen Gesandten Freiherrn von Papen in der Türkei ihrem Ende entgegengingen. Als Schweizerbürger habe er aus der neutralen Schweiz alle Möglichkeiten zur Tätigung grosser Transaktionen, welche er natürlich im kriegführenden Deutschland nie zur Ausführung bringen könnte und die gewissen deutschen Kreise lebensnotwendig seien.»[121]

Zu diesen «deutschen Kreisen» zählten die Ermittler sowohl einflußreiche Einzelpersönlichkeiten als auch Kurzmeyers Arbeitgeber, die Deutsche Bank. In einem eher mißbilligenden Ton ließ der Polizeibericht sich über die Angewohnheit Kurzmeyers aus, «sich oft am Vierwaldstättersee aufzuhalten, um dort mit Frauenspersonen zu ‹poussieren› … Daneben sei Kurzmeyer das, was man im Volksmund eben mit einem ‹Schieber› bezeichne. Ab und zu schleppe er ganze Mappen, ja sogar Köfferchen mit Schmuck aller Art und Goldstücken herum, womit er einen schwunghaften Handel treibe. … Als es in Berlin ‹brenzlig› wurde, siedelte er nach hier über und betreibt seine Geschäfte von hier aus.»[122]

[120] Kantonspolizei Zürich an Polizeikommando Nachrichtendienst, 8. 12. 1944. Schweizerisches Bundesarchiv Bern (SBB), Eidgen. Pol. Dept. Abt. Auswärtiges E2.001 (E) 1968/78 C.41 A 620 1.

[121] Ebd.

[122] Ebd.

Ein Direktor, der sich als Schürzenjäger und «Schieber» betätigte, paßte schlecht zum soliden Image der Deutschen Bank. Begonnen hatten die Beziehungen Kurzmeyers zu Abs und der Deutschen Bank nicht zufällig im Zuge der «Arisierung» seines damaligen Arbeitgebers, der Berliner Bank Mendelssohn & Co., bei der Kurzmeyer der einzige 100prozentig «arische» Direktor gewesen war. Im Oktober 1938 hatte er Abs aufgesucht und ihm seine Dienste angeboten, hatte um ein gutes Gehalt gefeilscht, damit gedroht, zur Konkurrenz zu gehen, und auf Abs und seine Kollegen einen «selbstbewußten» Eindruck gemacht.[123] Für Kurzmeyer sprach, daß er über ausgezeichnete Beziehungen in den Niederlanden verfügte, die Auslandsaktivitäten seiner bisherigen Firma geleitet hatte und als Schweizer einen vollwertigen Reisepaß und nützliche Kontakte besaß.

Während Kurzmeyers Lebenswandel dem strengen Katholiken Abs etwas zu locker war, erwiesen sich seine guten Beziehungen zu den Nazis als ausgesprochen nützlich. Im April 1944 traf sich der stellvertretende Vorstandsvorsitzende des Bauunternehmens Christoph & Unmack AG, in dessen Aufsichtsrat Kurzmeyer die Deutsche Bank vertrat, mit Dr. Karl Sippell, Vorstandsmitglied der Deutschen Bank. In der Geschäftsleitung von Christoph & Unmack trug man sich mit der Sorge, in Anwesenheit eines Ausländers (nämlich des Schweizers Kurzmeyer) bei Aufsichtsratssitzungen nicht offen über die «besonderen Aufgaben» sprechen zu können, mit denen die Firma jetzt konfrontiert war. Sippell beruhigte seinen Besucher: «Ich habe Herrn Heintze nochmals auf die besondere Stellung hingewiesen, die Herr Kurzmeyer bei uns im Hause geniesst, und betont, dass ihm von uns rückhaltloses Vertrauen entgegengebracht werde. Insbesondere habe Herr Kurzmeyer auch Aufgaben im Interesse des Reiches ausgeführt und stehe meines Wissens in guten Beziehungen zum SS-Obergruppenführer Pohl, an den man sich gegebenenfalls um Auskunft wenden könne, wie an die Herren Puhl und Wilhem von der Reichsbank.»[124]

In der Tat gestalteten sich diese Beziehungen zunehmend enger. Kurzmeyer vertrat nicht mehr nur die Interessen der Deutschen Bank, sondern seit kurzem auch die eines Unternehmens, das als Deutsche Wirtschaftsbetriebe GmbH firmierte. Geführt von Obergruppenführer Oswald Pohl, war es die bedeutendste Firma innerhalb des Wirtschaftsimperiums der SS. Die Gesellschafterverhältnisse dieses Unternehmens hat Walter Naasner in seiner Arbeit über die Wirtschaftstätigkeit der SS wie folgt erläutert: «Pohl führt den

[123] Aktenvermerk vom 25. Oktober 1938, HADB, P1/22.
[124] Aktenvermerk Sippell vom 14. April 1944, HADB, P1/22.

DWB-Konzern als alleiniger Gesellschafter und alleinvertretungsberechtigter erster Geschäftsführer treuhänderisch für den Reichsführer SS ... Das bei der Führung der SS-Wirtschaft ersichtliche inoffizielle, freiwillig eingegangene Treuhandverhältnis trug dem Umstand Rechnung, daß die SS als NSDAP-Gliederung und der RFSS keine eigenständigen Rechtspersönlichkeiten und Vermögensträger sein konnten und daß zudem nach deutschem Handelsrecht treuhänderische Gesellschaftsgründungen nicht möglich waren.»[125]

Wie aus dem «Mindener Bericht» hervorgeht, den nach Kriegsende internierte SS-Offiziere zusammenstellten, die zuvor Posten im Wirtschaftsimperium ihrer Truppe bekleidet hatten, konnte die DWB mit beachtlichen Bilanzzahlen aufwarten: einem Eigenkapital von 16 Millionen RM, fremden Mitteln von 30 Millionen RM und Erträgen von 6 bzw. 9 Millionen RM in den Jahren 1941 und 1942.[126] Da die SS-Unternehmen fast ausschließlich Zwangsarbeiter beschäftigten, wurden Pohl und sein Stellvertreter, SS-Brigadeführer Georg Lörner, in Nürnberg wegen Verbrechen gegen die Menschlichkeit angeklagt und zum Tode verurteilt.[127] Hauptsturmführer Dr. Leo Volk war einer der drei Prokuristen der DWB, leitete ihre Rechtsabteilung und avancierte 1942 zum persönlichen Referenten Pohls. «Er war vielmehr Sachbearbeiter der umfangreichen *persönlichen* Angelegenheiten des Herrn Pohl und seiner Familie. Er hatte nicht die Dienstbezeichnung seines Vorgängers, ‹Chef des persönlichen Büros›. Entscheidend ist dabei, dass Dr. Volk von Pohl nicht zu Besprechungen der Amtsgruppen A bis D, sondern nur zu denen des DWB-Konzerns hinzugezogen wurde.»[128]

Dr. Volk kümmerte sich um die Angelegenheiten von Pohls erster Frau, erstellte Pohls Einkommensteuer-Erklärungen, verwaltete sein Privatvermögen und betätigte sich als Treuhänder für die Kinder aus Pohls erster Ehe. Alfred Kurzmeyer erwies sich, nicht zuletzt wegen seines Lebensstils und seines Schweizer Passes, als idealer Partner für Oswald Pohl. Er machte sich nützlich, indem er die Treuhänderschaft über einen der SS zustehenden Betrag von Sfr 239.000 übernahm, den nervös gewordene schweizerische Geschäftspartner der SS nicht überweisen wollten. Kurzmeyer versicherte Volk bei einer Unterredung in Zürich, er sei bereit, als

125 Walter Naasner, SS-Wirtschaft, S. 8.

126 Ebd., Mindener Bericht, III a 8, Geldquellen der DWB und Gewinne der DWB, S. 107 und 115.

127 Ebd., Biographischer Anhang, S. 346 und 354.

128 Ebd., Mindener Bericht, S. 89.

«Treuhänder» die Angelegenheit zu regeln, halte es aber für ratsam, das Geld «eine Zeitlang in der Schweiz liegen» zu lassen.[129] Kurzmeyer war nicht nur bereit, sich um in der Schweiz liegende SS-Gelder zu kümmern, sondern erbot sich auch, nötigenfalls für deren prompte Überweisung nach Berlin zu sorgen, selbst wenn die Schweiz eine Sperrung aller deutschen Guthaben verfügen sollte. So schrieb Volk im November 1944: «Mit Direktor Kurzmeyer (Deutsche Bank) habe ich vereinbart, dass, falls eine Beschlagnahme deutscher Gelder in der Schweiz erfolgen sollte, die Deutsche Wirtschaftsbetriebe G.m.b.H diesen Betrag in Reichsmark bei der Deutschen Bank, Berlin, abheben kann.»[130]

Dies mochte wie eine großzügige Geste aussehen, aber im Grunde ging Kurzmeyer damit kein Risiko ein. Ihm war zu diesem Zeitpunkt – November 1944 – klar, wer den Krieg gewinnen und was mit der SS und ihren Firmen geschehen würde. Die Schweizer Franken hingegen würden in Zürich sicher überwintern. Auf der anderen Seite kam er nicht umhin, seinem Vorgesetzten Hermann J. Abs mitzuteilen, daß die DWB sich früher oder später melden und den Gegenwert der Sfr 239.000, die Kurzmeyer für sie verwaltete, in Reichsmark reklamieren würde. Kurzmeyer verwaltete zu diesem Zeitpunkt die privaten und öffentlichen Vermögenswerte diverser namhafter Persönlichkeiten, so etwa den Familienschmuck des Herzogs von Sachsen im Wert von Sfr 20.000 bis 25.000, ein Perlencollier im Wert von Sfr 15000, das der Frau seines Aufsichtsratsvorsitzenden Karl Kimmich gehörte, und das Privatvermögen von Oskar Vogel, einem Prokuristen der Filiale Istanbul.[131] Für die DBI selbst fungierte er als Treuhänder für den der Bank zuletzt verbliebenen Goldbestand von 307 kgf[132] sowie für Sfr 1.500.000 in Banknoten. Als der Schweizer Bundesrat am 16. Februar 1945 die Sperrung aller deutschen Guthaben in der Schweiz verfügte, hatte Kurzmeyer die

[129] Aktennotiz Dr. Leo Volk, Berlin, 23. 7. 1944, SBB, Eidgen. Politisches Department (Handakten Walter Stucki) E 2.801 1968/84 Bd. 66 Az. 140.129.

[130] Aktenvermerk Volk, 9. 11. 44, zitiert nach Peter Ferdinand Koch, Die Dresdner Bank und der Reichsführer-SS, Hamburg 1987, S. 109.

[131] Schweizerische Verrechnungsstelle an Eidgen.Pol. Dept. 1. 2. 1946, SBB, Eidgen. Politisches Department Abt. Auswärtiges E2.001 (E) 1968/78, C.41. A.620.1 sowie Eidgen. Politisches Department (Handakten Walter Stucki) E 2.801 1968/84 Bd. 73 C.M.140.560.

[132] Kurzmeyer erhielt dieses Gold am 31. Juli 1944 von der Schweizerischen Kreditanstalt in Gestalt von 307 Barren von je 1 kgf Gewicht. Dank einer Quittung, die Kurzmeyer am 3. Oktober 1944 unterschrieb, wissen wir, daß er das Gold in der Zwischenzeit in 25 amerikanische Barren mit identischem Gesamtgewicht umgetauscht hatte. HADB, B 206. Eine Kopie dieser Empfangsbestätigung findet sich im dokumentarischen Anhang zum Untersuchungsbericht über die Deutsche Bank, Dokument Nr. 344.

Treuhänderschaft über Vermögenswerte in Höhe von insgesamt Sfr 10.843.012, darunter Sfr 2.232.000 aus dem Vermögensbestand der Niederlassung Istanbul.[133] Die insgesamt noch vorhandene Goldmenge gliederte sich in zwei Posten: die 307kgf der DBI und eine zusätzliche Einlage von 16kgf, Gold, das die Deutsche Bank Berlin von der Reichsbank zum amtlichen Preis von Sfr 4.896,80 pro kgf gekauft und bei der DBI deponiert hatte. Wie Kurzmeyer in einem nach Kriegsende geschriebenen Brief meinte, werde die Reichsbank «von dem ihr dabei zugestandenen Recht, die Barren gegen Rückerstattung des Kaufpreises von uns zurückzunehmen, ... kaum Gebrauch machen wollen oder können».[134]

Kurzmeyer fungierte auch als Treuhänder dessen, was Hermann J. Abs die «Devisenreserve» der Deutschen Bank nannte. In einer 1972 abgegebenen Erklärung formulierte Abs den Sachverhalt so: «Die Deutsche Bank hatte damals ihre eigene Devisenreserve sowie auch die der Deutsch-Asiatischen Bank und die der Deutsch-Ueberseeischen Bank in der Schweiz gelagert. Es schien Ende 1943 opportun zu sein, einen eigenen Mann in der Nähe dieser Reserven zu haben. Hierfür bot sich Kurzmeyer als Schweizer Staatsbürger an.»[135]

Offenkundig hatte Abs längst begonnen, Vorsorge für das Überleben seiner Bank nach dem Krieg zu treffen, indem er Vermögenswerte auf Schweizer Konten deponiert und der treuhänderischen Verwaltung Kurzmeyers anvertraut hatte. Dabei war es für Abs und die Bank ein Glücksfall, daß ihre einschlägigen Dienste von der SS und der Reichsbank so stark in Anspruch genommen wurden, daß die Deutsche Bank, ohne ihr eigenes Interesse hervortreten zu lassen, im sicheren Hafen der Schweiz Reserven akkumulieren konnte, die de facto eine Absicherung für den Fall des Untergangs des Hitler-Regimes waren. Mochten die Nazis mit Blitz und Donner in die Hölle fahren, das Gold der Deutschen Bank würde die Götterdämmerung in einem Schweizer Tresorgewölbe schadlos überstehen.

Am 26. August 1952 unterzeichneten die Bundesrepublik Deutschland und die Schweizer Eidgenossenschaft ein Abkommen über die Freigabe gesperrter deutscher Guthaben, das am 19. März 1953 in Kraft trat. Das Abkommen besagte, daß die deutschen Inhaber der Konten ein Drittel des Wertes ihrer Guthaben an die Schweiz abtreten mußten, wenn sie über den Rest verfügen woll-

[133] Schweizerische Verrechnungsstelle an Eidgen.Pol. Dept. 1. 2. 1946, SBB, Eidgen. Politisches Department Abt. Auswärtiges E2.001 (E) 1968/78, C.41. A.620.1.

[134] Kurzmeyer an Abs, 11. Januar 1952, HADB, V1/2349.

[135] Aktenvermerk Abs vom 28. März 1972, HADB, V1/4917.

ten. Kurzmeyer schlug vor, an die Schweizer Behörden mit dem Antrag heranzutreten, die 307 kgf von dieser Bestimmung auszunehmen. Zur Begründung wollte er erklären, daß diese 307 kgf nicht Eigentum von «Deutschen in Deutschland» sei, wie das Abkommen es voraussetze, sondern von «Deutschen in der Türkei», und damit nicht unter die Ein-Drittel-Ablieferungspflicht fielen. Abs entschied sich dagegen, einen solchen Antrag zu stellen – ihm seien «zwei Drittel lieber als kein Drittel», erklärte er dazu.[136] 1954 organisierte Kurzmeyer die Übertragung der beiden Golddepots (nach Abzug und Zahlung des «Opferdrittels») vom Konto der Fides-Treuhandvereinigung, die das Gold seit dem 5. Januar 1945 verwaltet hatte, auf ein neues Konto, dessen Inhaber die Trinitas Vermögensverwaltung GmbH mit Sitz in Düsseldorf war, eine 100prozentige gemeinsame Tochter der drei Nachfolgeinstitute der alten Deutschen Bank.[137] Die Trinitas war zu dem Zweck gegründet worden, entwertetes Altvermögen der «Altbank» zu verwalten, und sie wurde nun zur letzten Inhaberin des von der Deutschen Bank während des Zweiten Weltkrieges gehandelten Goldes. Alle Versuche, das Gold zu verwerten oder es zu verkaufen, scheiterten am kompromißlosen Widerstand von Abs. Als sich die Vorstände der drei Nachfolgebanken im Juni 1956 zu einer gemeinsamen Vorstandssitzung trafen, war Abs an der Teilnahme verhindert; ohne ihn aber wollten «die Herren nach Lage der Dinge das Thema nicht erörtern».[138] Als der Punkt später erneut auf die Tagesordnung kam, setzte Abs sich mit der Ansicht durch, daß «wir die Depots ruhig liegen lassen sollen».[139] So geschah es. 25 Goldbarren aus dem Nachlaß der DBI und die zwei Barren aus dem Besitz der Berliner Zentrale der Deutschen Bank, zusammen also 323 kgf, lagen 41 Jahre lang im Tresor der Schweizerischen Kreditanstalt, zur Verfügung der Trinitas Vermögensverwaltung GmbH. 41 Jahre lang berechnete die SKA der Trinitas jährlich Sfr 500 für ihren Verwaltungsaufwand. 1993 wurde die Trinitas GmbH aufgelöst, und 1995 wurden ihre 323 kg Gold für 5,6 Millionen DM verkauft. Als 1997 die politische Situation eintrat, die zur Entstehung des vorliegenden Berichtes führte, kam der Vorstand der Deutschen Bank zu der Auffassung, daß es angesichts der ungeklärten Herkunft dieses jahrzehntelang aufbewahrten Goldes

[136] Pollems an Goldenberg, 21. Mai 1953, HADB, RWB 384.

[137] Zusammen mit den Goldbarren im Gesamtgewicht von 323 kgf übernahm die Trinitas noch weitere Vermögenswerte aus dem Bestand der aufgelösten Niederlassung Istanbul: 105 «Kings» (Sovereigns), 1.122 holländische Goldgulden und SFr 944.175,25. Undatierter Vermerk [1960?] über den Transfer von DBI-Werten in die Schweiz, HADB, ZA1/2.

[138] Pollems an Goldenberg, 2. Juni 1956, HADB, RWB 384.

[139] Pollems an Goldenberg, 25. Juli 1956, HADB, RWB 384.

(links oben)
Hermann J. Abs, für das Auslandsgeschäft zuständiges Vorstandsmitglied der Deutschen Bank 1938–1945

(rechts oben)
Alfred Kurzmeyer, Deutsche Bank-Direktor mit Generalvollmacht 1939–1945

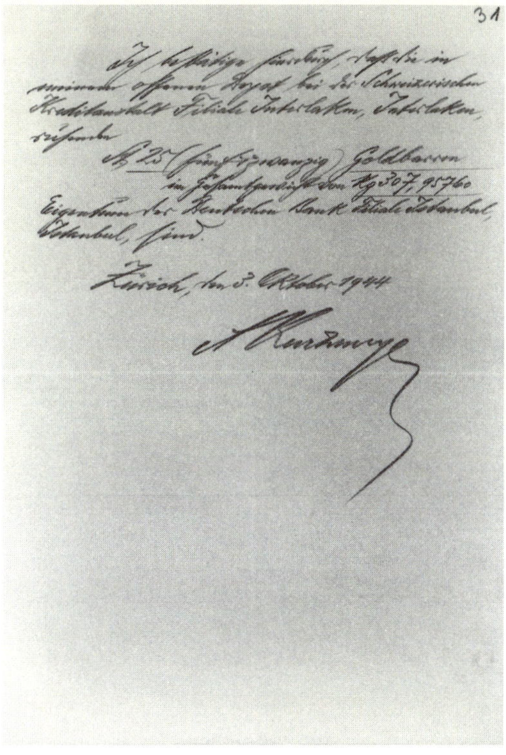

31

Ich bestätige hierdurch, dass die in meinem offenen Depot bei der Schweizerischen Kreditanstalt Filiale Interlaken, Interlaken, ruhenden

St. 25 (fünfundzwanzig) Goldbarren im Gesamtgewicht von Kg 307,95760

Eigentum der Deutschen Bank Filiale Istanbul, Istanbul, sind.

Zürich, den 3. Oktober 1944

A Kurzmeyer

(rechts)
Quittung Alfred Kurzmeyers über die Verwahrung von 25 Goldbarren im Gesamtgewicht von 307 kg bei der Filiale Interlaken der Schweizerischen Kreditanstalt

ratsam sei, sich zu einer Geste der Versöhnung durchzuringen. Die Bank überwies 2,8 Millionen DM an die World Jewish Restitution Organisation mit der Maßgabe, mit dem Geld die Fürsorge für verarmte Überlebende des Holocaust zu fördern; die anderen 2,8 Millionen DM gingen an die Stiftung «March of the Living».[140]

[140] Presseerklärung der Deutschen Bank vom 23. März 1998.

6. Schlußfolgerungen und weiterführende Überlegungen

Warum beharrte Hermann J. Abs, der 1967 aus dem Vorstand der Deutschen Bank ausschied, darauf, Gold im Wert von 5,6 Millionen DM jahrzehntelang in einem Schweizer Banktresor liegen zu lassen, wo es Geld kostete und keine Zinsen brachte? Tat er es in dem Wissen, daß auf diesem Gold ein Fluch lastete wie auf der Büchse der Pandora? Bei einem Verkauf der 323 kgf hätten der Bank unangenehme Fragen gestellt werden können: woher das Gold stammte und welchen Zwecken es gedient hatte. Wußte Abs genug über Melmer und die anderen möglichen Quellen dieses Goldes, um, wie Robert Walpole es einmal formuliert hat, keine schlafenden Hunde wecken zu wollen? Hatte Alfred Kurzmeyer, Vertrauensmann und Agent des größten Wirtschaftsunternehmens der SS, bei irgendeinem gemütlichen Mittag- oder Abendessen in der Reichsbank oder mit SS-Obergruppenführer Pohl oder bei einem Thekengespräch mit SS-Hauptsturmführer Dr. Leo Volk in der Savoy-Bar etwas über die Herkunft des Goldes erfahren? Ließ Emil Puhl, Vizepräsident der Reichsbank und ihr mit Abstand einflußreichstes Mitglied des Direktoriums, in einem Gespräch mit Abs oder Kurzmeyer Andeutungen über die wahre Herkunft des Goldes fallen? Wir wissen immerhin, daß die Reichsbank-Direktoren Wilhelm und Puhl Kurzmeyer gut genug kannten, um als Gewährsleute für seine guten NS-Referenzen benannt zu werden, wie in dem zitierten Schreiben von Dr. Sippell geschehen. Eine hochgezogene Augenbraue oder ein Achselzucken hätte unter Umständen genügt, um Abs und Kurzmeyer zu verstehen zu geben, woher das Gold stammte. Aus den Nürnberger Prozessen wissen wir, daß mindestens ein halbes Dutzend Beamte und Abteilungsleiter der Reichsbank ganz genau wußten, woher bestimmte Goldlieferungen kamen und in welcher Form sie anfielen.[141] Abs stand in sehr enger Fühlung mit Kurzmeyer und unternahm außerdem in den Kriegsjahren zahlreiche Reisen, namentlich in Regionen, die für die Bank von Interesse waren; so fuhr er zum Beispiel häufig nach Rumänien.

[141] Eidesstattliche Erklärung von Emil Puhl, 3. Mai 1946, Nürnberger Prozesse, siehe auch ebd., Document No. 3.949-PS Verwertung von Noten, Gold, Silber und Schmuckstücken zu Gunsten des Herrn Reichsministers der Finanzen, 19. September 1942; ‹The Pohl Case›, Trials of War Criminals before the Nuremberg Military Tribunal under Control Council Law NO 10, 14 Bde., Nürnberg 1946–49, Bd. 12, S. 49 und Bd. 14, S. 609–621

Ende November 1941 schrieb der Schweizer Botschafter in Bukarest, Roger de Weck, einen Brief an Jacques Chenevière, Mitglied des Internationalen Komitees des Roten Kreuzes, in dem er berichtete: «Seit dem Eintritt Rumäniens in den Krieg gegen die UdSSR hat gegen die Juden des Donau-Königreichs eine systematische Verfolgung eingesetzt, neben der die armenischen Massaker, die das europäische Gewissen zu Beginn unseres Jahrhunderts empörten, wie ein Kinderspiel erscheinen.»[142]

Kurze Zeit später schilderte der Schweizer Konsul in Köln, Franz Rudolf von Weiss, in einem Schreiben an den Schweizer Botschafter in Berlin mit drastischen Worten, was mit den aus Deutschland nach Osten deportierten Juden geschah:

> «Die Behandlung, die den Juden im Osten zuteil wird, soll einfach jeder Beschreibung spotten. Der Gatte einer mir bekannten Dame, der aus der Nähe von Petrograd über Warschau nach hierher kam, hatte in der letztgenannten Stadt Aufenthalt. Er liess sich dazu verleiten, das dortige Ghetto aufzusuchen. Wie mir seine Frau sagte, war das, was er dort sah, so fürchterlich, dass er ihr nicht alles erzählen konnte. Leichen von Kindern und auch Erwachsenen lagen auf der Strasse, wo sie später von der Müllabfuhr abgeholt wurden. Ich wollte diesen Angaben zuerst selbstverständlich keinen Glauben schenken. Am vergangenen Samstag erhielt ich jedoch den Besuch des gleichen Grossindustriellen, mit dem ich im vergangenen Juli von Freiburg nach Köln zurückgefahren war, nachdem ich unsere Ferienkinder nach der Schweiz begleitet hatte. Dieser Bekannte kam gerade aus Berlin, wo er wichtige Besprechungen gehabt hatte. Von sich aus erzählte er, wie schrecklich die Zustände in den jüdischen Vierteln von Lodz und Minsk und auch in Polen seien. Die dortigen Juden sterben vor Hunger buchstäblich wie die Fliegen. Die Leichen werden nachts nur dürftig in Papier eingepackt und auf die Strasse gesetzt. Am nächsten Tag werden sie von der Müllabfuhr abtransportiert.»[143]

Im Mai 1942 richtete von Weiss ein Schreiben an Oberst Roger Masson, den Chef der Schweizer Spionageabwehr, und ließ ihm «unter dem Siegel strengster Vertraulichkeit einige Fotografien [zukommen], die an der russischen Front aufgenommen wurden. Das eine zeigt die Erschießung von Polen, die anderen die Abfahrt deutscher Güterwaggons voller Leichen von Juden, die zuvor vergast wurden.»[144] Konsul von Weiss wußte Mitte Mai 1942 sicherlich noch nichts über Auschwitz, doch lagen ihm Hinweise auf einsetzende Massentötungen im Osten vor, auf den Beginn des Holocaust

[142] Roger de Weck an Jacques Chenevière, 29. November 1941, DDS 14, Nr. 128, S. 388f. [aus dem Französischen übersetzt].

[143] F. von Weiss an Hans Fröhlicher, Schweizer Botschafter in Berlin, DDS 14, Nr. 132, S. 396f.

[144] von Weiss an Masson, 14. Mai 1942, ebd., S. 396, Anm. 2 [aus dem Französischen übersetzt].

also, auch wenn dieser Begriff damals noch nicht benutzt wurde. Wenn gewöhnliche Reisende solche Dinge zu Gesicht bekamen, wenn ein Großindustrieller einem Schweizer Diplomaten reinen Wein über das Grauen im Osten einschenkte, wenn irgendein zurückgekehrter Frontsoldat einem Schweizer Diplomaten Fotos zuspielte, dann muß man davon ausgehen, daß ein Hermann J. Abs, den Geschäftsreisen mehrmals ins östliche Mitteleuropa und nach Südosteuropa führten und der aufgrund seiner Aufgaben mit höchsten Vertretern des «Dritten Reichs» in Berührung kam, mehr wußte. Direktor Alfred Kurzmeyer, Dr. Karl Sippell, Karl Kimmich und die anderen Mitglieder des Deutsche Bank-Vorstandes wußten, was vor sich ging, und sicherlich waren ihre Kenntnisse umfassender als die eines zweitrangigen Diplomaten in einer Stadt im äußersten Westen Deutschlands. Der verstorbene Wolfgang von Tirpitz, Sohn des Großadmirals, sagte mir an einem Abend im Sommer 1965: «Jeder Angehörige meiner Gesellschaftsschicht, der Ihnen erzählt, er habe nicht gewußt, was vorging, lügt.»

Doch was heißt in diesem Fall Wissen? Ulrich Herbert hat in einem vor kurzem veröffentlichten Beitrag darauf hingewiesen, daß die Zahl derer, die Augenzeugen von Massakern im Osten wurden, darüber berichteten und Foto- oder Filmaufnahmen machten, außerordentlich groß war: «Vor allem aber wird deutlich, daß auch die Zahl derjenigen, die direkt oder indirekt an der nationalsozialistischen Mordpolitik beteiligt waren, weit, *sehr* weit über den Kreis derer hinausgeht, die die Gewehre hielten oder die Gaskammern schlossen. Im Gegensatz zu den Verhältnissen im ‹Reich› war der Massenmord an den Juden in den besetzten Gebieten des Ostens durchaus kein Geheimnis.»[145] Tatsache ist aber auch, daß diese Leute aus ihrem Wissen kaum Konsequenzen zogen. Herbert wendet sich entschieden gegen die Theorie Goldhagens, in der deutschen Bevölkerung sei ein bösartiger, bis zum Vernichtungswillen gesteigerter Antisemitismus verbreitet gewesen; die Wahrheit, so Herbert, sei banaler, aber gerade deswegen auch erschreckender: «Vielmehr bestand eine der Voraussetzungen für die Ingangsetzung der Mordpolitik eher darin, daß ein erheblicher Teil der Bevölkerung am Schicksal der Juden außerordentlich desinteressiert war ... Gleichgültigkeit, Abstumpfung und Verdrängung erwiesen sich hierbei als völlig ausreichend.»[146]

Auch der Vorstand der Deutschen Bank war von diesem Verlust an Menschlichkeit nicht ausgenommen. Georg Solmssen, 1933

[145] Ulrich Herbert, Vernichtungspolitik. Neue Antworten und Fragen zur Geschichte des «Holocausts», in Ulrich Herbert (Hrsg.), Vernichtungspolitik, S. 56.
[146] Ebd., S. 64f.

Sprecher des Vorstands der Deutschen Bank und ein getaufter Jude, schrieb im April jenes ersten Jahres der NS-Herrschaft einen bemerkenswerten Brief, in dem er mit gespenstischer Präzision voraussagte, wie es weitergehen würde. Das Schreiben mit Datum vom 9. April 1933 war an seinen Kollegen und Aufsichtsratsvorsitzenden Franz Urbig gerichtet und hatte folgenden Wortlaut:

«Lieber Herr Urbig,

Die Ausstoßung der Juden aus dem Staatsdienst, die nunmehr durch Gesetz vollzogen ist, drängt die Frage auf, welche weiteren Folgen sich an diese, auch von dem gebildeten Teile des Volkes gleichsam als selbstverständlich hingenommenen Maßnahmen für die private Wirtschaft knüpfen werden. Ich fürchte, wir stehen noch am Anfange einer Entwicklung, welche zielbewußt, nach wohlaufgelegtem Plane auf wirtschaftliche und moralische Vernichtung aller in Deutschland lebenden Angehörigen der jüdischen Rasse, und zwar völlig unterschiedslos, gerichtet ist. Die völlige Passivität der nicht zur nationalsozialistischen Partei gehörigen Klassen, der Mangel jedes Solidaritätsgefühls, der auf Seite derer zu Tage tritt, die in den fraglichen Betrieben mit jüdischen Kollegen Schulter an Schulter gearbeitet haben, der immer deutlicher werdende Drang, aus dem Freiwerden von Posten selbst Nutzen zu ziehen und das Totschweigen der Schmach und des Schams, die unheilbar allen denen zugefügt werden, die obgleich schuldlos, von heute auf morgen die Grundlagen ihrer Ehre und Existenz vernichtet sehen – alles dieses zeigt eine so hoffnungslose Lage, daß es verfehlt wäre, den Dingen nicht ohne jeden Beschönigungsversuch ins Gesicht zu sehen.»[147]

Diese Sätze beziehen ihre Kraft, ihr Pathos und ihre prophetische Treffgenauigkeit aus einer bedeutsamen Beobachtung: Keiner von Solmssens Vorstandskollegen, keiner der anderen Direktoren oder Manager der Deutschen Bank, buchstäblich kein einziger, war bereit, aufzustehen und sich für die Rechte der jüdischen Kollegen einzusetzen. In den oberen Rängen der deutschen Gesellschaft, in den Kreisen der Bankdirektoren, der Spitzenbeamten, der Professoren, der protestantischen Pfarrer, der Industriellen und Kaufleute, der Theaterintendanten und der Großen aus der Welt der Kunst und Kultur herrschte ein Mangel an Zivilcourage, der den Nazis erst die Möglichkeit verschaffte, ihre schrecklichen Verbrechen ohne Sorge um die Folgen zu begehen. Der Mangel an Solidarität, den die Vorstands- und Aufsichtsratsmitglieder der Deutschen Bank gegenüber ihren jüdischen Kollegen an den Tag legten, legt beredtes Zeugnis ab von der Richtigkeit dessen, was Solmssen ihnen vorwarf. Sie profitierten von der Ausschaltung jüdischer Kollegen und Rivalen und gingen zur Tagesordnung über, als sei nichts geschehen. Sie übernahmen die Bankhäuser jüdischer Konkurrenten, wo-

[147] H. James, Diktatur, S. 337.

bei sie allenfalls in einigen Fällen den Versuch machten, deren Enteignung und Demütigung durch geringfügige Hilfsmaßnahmen abzumildern, doch das war auch schon alles.

Gehen wir also davon aus, daß Direktor Kurzmeyer und Abs, und möglicherweise auch andere Mitglieder des Vorstandes, gleich viel wußten wie Albert Thoms oder es zumindest ahnten. Bankiers, die ihr Geld wert sind, halten normalerweise Augen und Ohren offen und sind nicht so naiv anzunehmen, daß einige Tonnen Gold undeklarierter Herkunft rein zufällig aus dem Nichts heraus auftauchen können. Wenn sie aber Bescheid wußten, welche Konsequenzen hätten sie dann aus ihrem Wissen ziehen sollen? Bevor wir uns an die Beantwortung dieser Frage heranwagen können, müssen wir einen Blick auf die äußerst merkwürdige Funktionsweise der NS-Herrschaft werfen – auf die verwirrende, pedantische, bürokratische, legalistische Präzision der nazistischen Ausrottungspolitik. Wie soll man das eigentümliche Verhalten der SS erklären, die sich einerseits als ein Orden verstand, der sich die Ausrottung ganzer Volksgruppen auf die Fahne geschrieben hatte, die sich aber andererseits, weil sie als Organisation keine Rechtsform besaß, die nach deutschem Recht eine wirtschaftliche Betätigung zugelassen hatte, ängstliche Gedanken darüber machte, in welchem Winkel des deutschen Handelsrechts sie ihren Zwangsarbeits-Konzern ansiedeln konnte? Sie berief sich hartnäckig weiter auf das deutsche Handelsrecht, ganz so, als gebe es in Nazi-Deutschland nach wie vor ein bürgerliches Rechtssystem. Diese «Scheingesetzmäßigkeit» machte es den Abs' und Kurzmeyers, den Kimmichs und Sippells leichter, sich selbst einzureden, ihr gewohntes Bezugssystem sei noch intakt. In Wirklichkeit atmeten schon die Texte der deutschen Gesetze einen anderen Geist. Die einleitenden Artikel des Reichsbankgesetzes vom 15. Juni 1939 mögen uns als Beispiel für ein typisches Stück Nazi-Gesetzgebung dienen:

«Die Deutsche Reichsbank untersteht als deutsche Notenbank der uneingeschränkten Hoheit des Reichs. Sie dient der Verwirklichung der durch die nationalsozialistische Staatsführung gesetzten Ziele im Rahmen des ihr anvertrauten Aufgabenbereichs, insbesondere der Sicherstellung des Wertes der deutschen Währung. Zur Regelung der Rechtsverhältnisse der durch das Bankgesetz vom 14. März 1875 (Reichsgesetzblatt, S. 177) errichteten Reichsbank hat die Reichsregierung das folgende Gesetz beschlossen, das hiermit verkündet wird:

I. Rechtsform und Aufgaben

(1) Die Deutsche Reichsbank ist dem Führer und Reichskanzler unmittelbar unterstellt.

II. Leitung und Verwaltung

(1) Die Deutsche Reichsbank wird nach den Weisungen und unter der Aufsicht des Führers und Reichskanzlers von dem Präsidenten der Deutschen

Reichsbank und den übrigen Mitgliedern des Reichsbankdirektoriums geleitet und verwaltet.»[148]

Was auf den ersten Blick wie ein normaler Gesetzestext wirkt, entpuppt sich bei näherem Hinsehen als etwas anderes. Schon in der Präambel ist die Rede von einer «uneingeschränkten Hoheit des Reichs», also einer unbegrenzten, totalen Souveränität des Staates, aber nicht irgendeines abstrakten Staates, sondern eben des nationalsozialistischen Staates, der bestimmte Ziele verfolgte, und zwar Ziele, die sich in der Person des «Führers» Adolf Hitler verkörperten. Somit war es nur konsequent, daß die Reichsbank unmittelbar dem «Führer» und Reichskanzler unterstellt wurde und ihre Tätigkeit sich nicht nach den Bestimmungen dieses neuen Gesetzes richtete, sondern nach den ihr vom «Führer» erteilten Weisungen. Die von Ernst Fraenkel stammende Unterscheidung zwischen «Normenstaat» und «Maßnahmenstaat» läßt sich hier schwerlich anwenden, da diese beiden Kategorien ineinanderfließen und einander überschneiden. Das Leben und Arbeiten unter den Bedingungen eines solchen hybriden Regimes beließ den leitenden Angestellten der Bank die Möglichkeit, Kreditzusagen zu geben, Konsortien zu bilden, Provisionen und Gebühren zu berechnen, Verträge zu unterschreiben und Unternehmen zu finanzieren, ganz als befänden sie sich noch immer in einem Rechtsstaat. Sie wußten aber auch – was ihre Kritiker oft vergessen –, daß die Macht selbst der größten Banken nur allzugern überschätzt wird und daß unter der Herrschaft eines im wesentlichen unberechenbaren Terrorregimes der Spielraum auch für Banken sehr eng werden kann.

Ist so gesehen der Vorwurf gerechtfertigt, Abs, Kurzmeyer und ihre Kollegen hätten mit dem Regime kollaboriert? Es ist sicherlich richtig, daß geachtete Juristen die Nürnberger Gesetze verfaßten und daß geachtete Bankiers ansehnliche Arisierungsgewinne einstrichen und die Kontrolle über Banken in eroberten und besiegten Ländern übernahmen. Zwischen den Mordgesellen, die verängstigte, schreiende Menschen in die Gaskammern schickten, und diesen respektablen Persönlichkeiten lagen mehrere Trennschichten, bestehend aus vernebelnden Sprachregelungen, uniformierten und zivilen bürokratischen Instanzen und den von ihnen verwalteten «Vorgängen», die schließlich in so sterile bürokratische Formeln gekleidet wurden wie die bereits zitierte Aussage August Franks über die «normalen Abgänge der K.L. [Konzentrationslager]».

In welchem Abstand von den Opfern vollzogen sich die Goldtransaktionen der Deutschen Bank? Es ist uns gelungen, den

[148] Reichsgesetzblatt, Teil 1, Berlin, 16. Juni 1939, S. 258.

Weg einer der Melmer-Lieferungen genau zu verfolgen, und wir können anhand dieser Lieferung das Dilemma veranschaulichen. Die Rede ist von der Melmer-Lieferung mit der Nummer 9. Im «Tagebuch» der Edelmetallkasse der Reichsbank findet sich für den 20. November 1942 ein Eingangsvermerk über 20 Goldbarren «zugunsten des Reichsministeriums der Finanzen». Aus dem Probenkontrollbuch der Degussa geht hervor, daß diese 20 Barren am 20. November analysiert wurden. Obwohl die Bücher nichts dergleichen aussagen, ist es wahrscheinlich, daß die Barren bei der Degussa geschmolzen und raffiniert wurden, um auf den für Währungsgold erforderlichen Feinheitsgrad von 999,9 zu kommen. Dem Ausgangsbuch der Degussa ist zu entnehmen, daß am 7. Dezember 1942 12 Barren der höchsten Feinheitsstufe im Gesamtgewicht von 143,2 kgf an die Reichsbank übersandt wurden. In deren Barrenbuch tauchen per Eintrag vom 15. Dezember 1942 unter der Rubrik «Verschiedene Barren» die 12 Barren auf mit dem Vermerk: «St. 12 Goldbarren v/Degussa mit m/Prob-Sch. [mit Probierschein] (betr.: Melmer Lieferung IX)». Das Stichwort «Melmer» erinnerte den Sachbearbeiter daran, den Reichsmark-Gegenwert bei der Reichshauptkasse dem Konto «Max Heiliger» zugunsten des Reichsfinanzministeriums gutzuschreiben. Am 16. Dezember wurde der Betrag von RM 398.670,47 als Gutschrift auf diesem Konto verbucht; es war dies exakt die Summe, die sich aus der Multiplikation von 143,2 kgf mit dem amtlichen Gold-Ankaufkurs der Reichsbank von RM 2.784,00 pro kgf ergibt. Von diesem Moment an gehörten die Barren, jetzt standardisiert und durch ein Zertifikat der angesehensten Edelmetallschmelze Europas geadelt, der Reichsbank. Sechs dieser Barren wurden am 28. Dezember 1942 zum gesetzlich festgelegten Preis von 2.790,00 RM an die Deutsche Bank verkauft, die zum selben Zeitpunkt vier weitere gleichartige Barren aus der zehnten Melmer-Lieferung kaufte, mithin also Gold im Gesamtgewicht von 118,9 kgf. Unmittelbar danach veranlaßte die Deutsche Bank die Rücksendung der Barren an die Degussa und beauftragte sie, das Gold in leichter handhabbare Ein-Kilogramm-Barren umzuschmelzen, die dann in mehreren Lieferungen an die Creditanstalt in Wien geschickt wurden. Die CABV bestätigte den Empfang der Barren und protokollierte den Weiterversand von 100 kgf nach Sofia am 23. Februar 1943 und von weiteren 35 kgf nach Zürich am 22. März 1943; dort verlieren sich die Spuren. Je weiter sich das Gold von den Opfern entfernte, desto mehr schien sich auch die moralische Verantwortung zu verflüchtigen, und die Transaktionen erhielten einen Anstrich von Normalität. Ist es zulässig, hieraus schlicht und einfach den Schluß zu ziehen, daß sich die Deutsche Bank, die in die Vorgangskette erst sechs oder sieben Stationen nach der Beraubung der Opfer eintrat, nur mit einem Bruchteil an Schuld belud, gleichsam umgekehrt proportional zum geographischen und zeitlichen Abstand von Ort und Tag des Verbrechens?

Ein anderer Ansatz für die Beantwortung der Frage wäre der: Da das «Dritte Reich» per definitionem ein verbrecherisches System war, gilt für alle seine Organisationen und Institutionen, daß sie durch ihre bloße Zugehörigkeit oder Nähe zu diesem System als gleichermaßen verbrecherisch eingestuft werden müssen. Die Deutsche Bank hätte sich demnach der Unterstützung und Begünstigung eines verbrecherischen Staates schuldig gemacht. Mit jedem weiteren Tag seines Bestehens vernichtete dieser Staat mehr Menschenleben, und indem die Deutsche Bank ihm Mittel zum Erwerb ausländischer Devisen zur Verfügung stellte, leistete sie unmittelbare Beihilfe zu diesen Verbrechen. Der Grad an Verantwortung und Schuld würde nach dieser Sichtweise um so mehr zunehmen, je höher die von den handelnden Personen bekleideten Ämter waren, da das Wissen um die Verbrechen und der Wille, den Staat, der der Auftraggeber dieser Verbrechen war, zu unterstützen, an der Spitze der Hierarchie größer sein mußten als weiter unten. Den Sachbearbeitern bei der Deutschen Bank Berlin, die die Anlieferung des Reichsbank-Goldes quittierten, kann man keinen Vorwurf daraus machen, daß sie etwas protokollierten, was ihnen als eine völlig normale bankmäßige Transaktion erscheinen mochte. Dagegen wäre Männern wie Abs und Kurzmeyer ein Schuldvorwurf zu machen, weil sie mit dem, was sie taten, dem NS-Staat wissentlich halfen, seinen Krieg gegen die Menschlichkeit weiterzuführen, und weil sie sich zu keinem Zeitpunkt unwillig zeigten, Vorteile aus den verbrecherischen Aktivitäten dieses Staates zu ziehen. Wir haben zwar keine eindeutigen Beweise dafür gefunden, daß sie wußten, daß sie Geschäfte mit Opfergold machten, aber das ist keineswegs ein Beweis dafür, daß sie es nicht wußten. Es fällt uns schwer, daran zu zweifeln, daß ihnen eigentlich klar sein mußte, daß ein Teil des durch ihre Hände gehenden Goldes von den Opfern des Regimes stammte. Und was vielleicht noch schwerer wiegt: Wir haben keinen Grund anzunehmen, daß sie sich anders verhalten hätten, wenn sie es gewußt hätten.

Für uns, die wir in der Sicherheit und Bequemlichkeit einer freien Gesellschaft leben, ist es ein leichtes, mit dem Finger auf die seinerzeit führenden Männer der deutschen Wirtschaft und Finanzwelt zu zeigen, die «mitmachten» und jegliches Gefühl für eine Mitverantwortung an den Verbrechen, die irgendwo «im Osten» geschahen, verdrängten. Wir wissen, daß Hermann J. Abs regelmäßig mit den Männern zusammentraf, die sich später zu einer der Verschwörergruppen des 20. Juli 1944 formierten, doch er blieb stets in sicherer Deckung. So gab er sich große Mühe, jedes Zusammentreffen mit Adam von Trott zu Solz zu vermeiden, nachdem dieser im Frühjahr 1940 von einer gefährlichen Mission in den Vereinigten Staaten zurückgekehrt war, bei der er versucht hatte, die Roosevelt-Administration davon zu überzeugen, daß es «ein anderes Deutschland» gab.[149] Im Juni 1940 notierte die Sekretärin von Abs einen Anruf von Trott, der es sehr bedauert habe, «daß Sie so außerordentlich in Anspruch genommen sind, und hofft, daß Sie vielleicht irgendwann mal eine Viertelstunde für ihn Zeit hätten».[150] Die Mitglieder des Kreisauer Kreises machten sich keine Illusionen über Abs. Helmuth James Graf von Moltke und Peter Graf Yorck von Wartenburg trafen in Berlin regelmäßig mit Abs zusammen. Moltke schrieb einmal an seine Frau: «Abs hat sich gebessert; er ist jetzt so arriviert, daß er es nicht mehr nötig hat, eitel und ehrgeizig zu sein. Unter den deutschen Bankiers ist er eben jetzt primus inter pares.»[151]

Abs war in Deutschland der angesehenste Bankier seiner Generation; er war kein Märtyrer und wollte keiner sein. Die Bereitschaft, für eine Sache zu sterben, gehörte nicht zum Anforderungsprofil für eine Bankierskarriere. Wir erwarten von Bankmanagern normalerweise nicht, daß sie Helden sind. Abs wußte um das, was das NS-Regime tat, und diente ihm dennoch. Seine Schuld liegt auf der Hand, aber sie wiegt nicht schwerer als die Schuld von Zehntausenden anderer Mitglieder der deutschen Oberschicht, die dem Regime ebenfalls dienten. Die Deutsche Bank handelte mit Opfergold und reihte sich damit in den großen Kreis derer ein, die die Früchte des Holocaust unter sich aufteilten. Dank ihres Einfallsreichtums und ihrer Professionalität wurde sie zu einem Rad in der deutschen Kriegsmaschinerie. Sie beschäftigte keine Zwangsarbeiter und erbrachte in mancher Hinsicht Dienstleistungen, die an und für sich weder kriminell noch illegal waren. Es gibt in der Welt der Hochfinanz keine Vorschriften und Verbote, die ein cleverer Bankier nicht umgehen könnte. Ob die Deutsche Bank Mittel und Wege fand, die Aktivitäten der Reichsbank in Buenos Aires zu verschleiern, oder ob sie im Auftrag Dritter Gold verkaufte, sie erfüllte die Erwartungen ihrer Kunden.

Über die Käufer des Goldes wissen wir nur wenig, und nur dann überhaupt etwas, wenn die Betreffenden bei der Deutschen Bank

149 Zu Trotts USA-Mission siehe Margaret Boveri, Der Verrat im XX. Jahrhundert, Rowohlt Verlag, Hamburg 1956. Margaret Boveri kannte und bewunderte Trott, ihre Darstellung gehört bis heute zu den besten, die wir haben.

150 James, Diktatur, S. 402.

151 Ebd., S. 403.

Istanbul ein Depot unterhielten. Wir kennen die Meinung der alliierten Geheimdienste, welchen Zwecken das Gold letztendlich diente, aber wir konnten nichts darüber in Erfahrung bringen, ob die Reichsbank etwa die Deutsche Bank ersuchte, bestimmte Transaktionen für einen bestimmten Zweck oder viele verschiedene Zwecke durchzuführen. Es wäre immerhin denkbar, daß die Transaktionen irgendein schreckliches Endziel hatten, das die Bank in noch stärkerer Weise kompromittiert. Es ist jedoch anzunehmen, daß, wenn ein Zusammenhang mit verbrecherischen Verwendungszwekken bestanden hätte, dieser im Zuge der nach dem Krieg durchgeführten Ermittlungen aufgedeckt worden wäre. Die alliierten Geheimdienste gingen von überwiegend unverdächtigen Verwendungszwecken aus: Deckung von Kosten für die Erlangung von Bauaufträgen, Finanzierung diplomatischer und propagandistischer Operationen der Achsenmächte, was vermutlich auch die Bezahlung von Bestechungsgeldern einschloß. Belege für irgendwelche andere Machenschaften finden sich in den alliierten Quellen nicht.

Auch wenn die Deutsche Bank ein Unternehmen war, das den deutschen Gesetzen unterstand und zusätzlich den Restriktionen eines totalitären Staates im Kriegszustand ausgesetzt war, hätte sie sich wahrscheinlich weigern können, im Auftrag der Reichsbank Gold zu verkaufen; sie hätte dafür allerdings unverfängliche Gründe ins Feld führen müssen: Transportprobleme, Versicherungskosten, Marktbedingungen, Gründe, die Puhl einem Abs abgenommen hätte. Unrealistisch wäre es, sich vorzustellen, daß die Vorstände der Deutschen Bank dem Vizepräsidenten der Reichsbank hätten erklären können, sie seien nicht bereit, mit Gold zu handeln, an dem das Blut unschuldiger Opfer klebte; schließlich hatte die Zentralbank selbst und hatten deren Direktoren und Mitarbeiter genau dies schon getan. Außerdem gab es da noch die Dresdner Bank und das Bankhaus Sponholz & Co., die an diesem Geschäft partizipierten und die das Kontingent der Deutschen Bank schlichtweg übernommen und den Gewinn für sich eingestrichen hätten.

Die Nuancen und verschiedenen Schattierungen der Kollaboration, der Schuld und der Mitwisserschaft decken ein breites Spektrum ab: von dem fanatischen, blutrünstigen SS-Sadisten bis zu der Haftzelle, in der Dietrich Bonhoeffer über Gott, Schuld und Verantwortung nachdachte. Die überwältigende Mehrheit der Menschen bewegt sich irgendwo zwischen diesen Polen. Wenn Franz Urbig den Brief, den Georg Solmssen ihm 1933 schrieb, sorgfältig gelesen hätte, hätte er seine Stellung aufkündigen und Deutschland zusammen mit den Juden den Rücken kehren müssen. Er tat dies ebensowenig wie irgendeiner seiner Vorstandskollegen. Allerdings schrieb er fünf Jahre später einen Brief an Solmssen, nachdem dieser trotz seines längst vollzogenen Übertritts zum Christentum als Jude aus allen seinen Ämtern und Positionen gedrängt worden war. Gerald D. Feldman hat diesen Brief als Beispiel für die «politische Kultur» in den Kreisen der führenden deutschen Industriellen und Bankiers zitiert, die einfach nicht begreifen wollten, daß es bei der Entrechtung der deutschen Juden um etwas ganz anderes ging als nur darum, irgendwelche staatlichen Eingriffe in die Angelegenheiten der Wirtschaft akzeptieren zu müssen. Urbig setzte die Ärgernisse, die sich aus der Judenpolitik der Nazis ergaben, einfach mit den vielen anderen Ungelegenheiten gleich, die die demokratischen Regierungen seit 1918 den deutschen Wirtschaftsführern bereitet hatten: «Die von Ihnen hervorgehobene Geschäftsaristokratie hat vom Jahre 1918 ab auch in unseren Kreisen manches verlieren müssen, und wir waren oftmals gezwungen, etwas zu tun, was nach Ansicht anderer dem Staat frommte, unserer persönlichen Auffassung aber widersprach.»[152]

Die Vorstände der Deutschen Bank machten sich zumindest der «moralischen Kurzsichtigkeit» schuldig, wie Harold James es ausgedrückt hat,[153] und zwar schon lange vor der ersten Melmer-Lieferung. Ihr Fehlverhalten begann Anfang 1933 damit, daß sie die empörenden Maßnahmen gegen ihre Kollegen ohne Protest durchgehen ließen. Nachdem sie in dieser wichtigen moralischen Frage Unrecht hingenommen hatten, waren sie auch fortan unfähig, sich zu widersetzen, wenn ihnen ähnlich schwierige moralische Entscheidungen abverlangt wurden.

Trägt der heutige Vorstand der Deutschen Bank irgendeine Verantwortung für die Versäumnisse und das schuldhafte Fehlverhalten seiner Vorgänger? Die Deutsche Bank von heute sieht sich als direktes Nachfolgeinstitut der «Altbank», und die Art und Weise, wie sie mit den letzten 323 kg aus dem Weltkriegsgold umgegangen ist, zeigt, daß sie Verantwortung empfindet. Sie hat diese Historikerkommission berufen und sie beauftragt, eine Episode zu erforschen, von der sie weiß und einräumt, daß sie ein dunkles Kapitel in der Geschichte des Bankhauses an der Taunusanlage in Frankfurt am Main darstellt. Sie akzeptiert, daß Berichte wie der vorliegende eine unerfreuliche Lektüre sein können, doch indem sie dies tut, macht sie auch deutlich, daß Sätze wie «das Leben geht weiter» oder «ich habe nur Befehle befolgt» als Antworten auf bestimmte Fragen nicht mehr akzeptabel sind. In diesem Geist legen wir unseren ersten Bericht der Öffentlichkeit vor.

152 Gerald D. Feldman, Politische Kultur und Wirtschaft in der Weimarer Zeit, in: Zeitschrift für Unternehmensgeschichte, Nr 1/1998. 43. Jahrgang, S. 17.

153 James, Diktatur, S. 405.

ANHANG

Zur Methodik der Quellenauswertung

Wie im Haupttext ausführlich dargestellt, diente eine Reihe von Quellen unterschiedlicher Provenienz zur Analyse der Goldtransaktionen der Deutschen Bank. Aufstellungen in den Büchern der Reichsbank, der Degussa sowie eine nachträglich erstellte Liste der Creditanstalt-Bankverein Wien lieferten Hinweise auf den Weg, den einzelne Barren von ihrem (ersten) Eintreffen bei der Reichsbank bis zu ihrer Ankunft in der Deutsche Bank-Filiale Istanbul nahmen. Die Verknüpfung der vorgefundenen Daten erfolgte allerdings nicht in streng chronologischer Reihenfolge. Am Anfang unserer Recherche stand die sogenannte «Wiener Liste».[154] Diese Quelle ermöglichte es uns, die generelle Beschaffenheit[155] und den Gesamtumfang des von der Deutschen Bank nach Istanbul transferierten Goldes festzustellen. Da ein Großteil der Goldbarren mit dem Herkunftsvermerk «Degussa» versehen war, war der nächste Schritt, diese Barren in den Unterlagen der Degussa ausfindig zu machen, um zu überprüfen, ob die Wiener Liste hierdurch gestützt würde. Zu diesem Zeitpunkt gingen wir noch davon aus, daß die Deutsche Bank Goldbarren, die Rückschlüsse auf eine ausländische bzw. Raubgold-Provenienz zuließen, von der Degussa scheiden und in handelsübliche Form bringen ließ. Wir nahmen an, daß die in Wien eingetroffenen Lieferungen einige Wochen zuvor bei der Degussa «bearbeitet» worden waren. Ein Großteil der in der Wiener Liste mit Provenienz Degussa aufgeführten Goldbarren konnte in den Ausgangs- und Scheidbüchern und teilweise auch in den Probenkontrollbüchern der Degussa[156] ausfindig gemacht werden. Auf diesem Wege erhielten wir detailliertere Angaben über die Beschaffenheit des Goldes, als die Wiener Liste geliefert hatte: In den Degussa-Unterlagen waren das Rauh- und Feingewicht, der Feingoldgehalt, die Banknummer und eine von der Degussa vergebene Schmelznummer der jeweiligen Barren vermerkt. Auf diese Weise wurden die einzelnen Goldbarren differenzierbar bzw. konnten in anderen Listen anhand ihrer speziellen Merkmale identifiziert werden, was sich bei der Durchsicht der erhaltenen Unterlagen der Reichsbank-Edelmetallabteilung - dem nächsten «Rückwärts-Schritt» - als außerordentlich hilfreich erwies.

Die Angaben im Haupt- und Kontrollbuch «Verschiedene Barren», im Tresorarbeitsbuch für den Tresor A der Reichsbank und in verschiedenen

[154] Diese Liste ist eine 1960 im Zuge der Liquidation der Filiale Istanbul angefertigte Aufstellung von Goldbeständen aus dem Eigentum der Deutschen Bank, die über die CABV Wien bewegt wurden

[155] Goldbarren oder Goldmünzen, Stückelung, Gesamtgewicht einzelner Lieferungen

[156] Welche Vorgänge in den Probenkontroll- bzw. den Scheidbüchern tatsächlich erfaßt wurden, konnte nicht befriedigend geklärt werden, d.h. es ging nicht eindeutig daraus hervor, wann eine Goldposition nur geschmolzen oder geschieden, d.h. raffiniert wurde.

«Standardbarren»-Büchern[157] warfen allerdings neue Fragen auf: Wie kam es, daß die Barren, die dort als an die Deutsche Bank abgegeben aufgeführt wurden, den gleichen Feingoldgehalt sowie das gleiche Rauh- und Feingewicht aufwiesen wie diejenigen in den Degussa-Unterlagen? Aus welchem Grunde sollte die Deutsche Bank hoch- bzw. höchstwertige Barren noch einmal zur Degussa gegeben haben? Und wie kam es, daß Barren, die bezüglich ihrer Provenienz mit dem Vermerk «Melmer» versehen waren, einen Feingehalt von 999 aufwiesen, wo es sich doch um «minderwertigeres» Schmuck- oder Zahngold gehandelt haben mußte?

Die Eintragungen, die die Abgabe von Gold an die Deutsche Bank vermerkten, standen offenbar nicht am Anfang des aus den Quellen nachvollziehbaren Weges des Goldes. Provenienz-Vermerke in den Reichsbankbüchern, die teilweise die ursprüngliche Herkunft, teilweise eine laufende Nummer aus den Tagebüchern der Reichsbank-Edelmetallabteilung[158] beinhalteten, ermöglichten es uns, einen Großteil der Barren in diesen Tagebüchern wiederzufinden - und zwar in verschiedenen Fällen nicht nur einmal, sondern zweimal - mit zeitlichem Abstand! Bei ihrer ersten Eintragung in die Tagebücher trugen die Barren teilweise noch sehr deutliche Spuren ihrer Herkunft; dies gilt insbesondere für die Melmer-Lieferungen, die häufig als «güldische», d.h. goldhaltige Barren bzw. - zeitlich versetzt - als Rücklieferungen von der Degussa bezeichnet wurden. Das an die Deutsche Bank abgegebene hochfeine Gold mußte also teilweise, bevor die Bank es erhielt, schon einmal zum Scheiden bei der Degussa gewesen sein! Eine erneute Durchsicht der Degussa-Bücher, diesmal mit besonderem Augenmerk auf Goldbearbeitungen bzw. -ablieferungen für die Reichsbank bestätigte diese Vermutung. Ein Großteil der später in raffinierter Form an die Deutsche Bank abgegebenen Barren konnte auf diese Weise ausfindig gemacht werden. Informationen aus weiteren Quellen sowie vorher unverständliche zusätzliche Eintragungen in den Probenkontrollbüchern der Degussa lösten das Rätsel über den zweimaligen Aufenthalt des Goldes bei der Degussa: Die Deutsche Bank ließ es nach Erhalt nicht scheiden, sondern in „handlichere", leichter verkäufliche Ein-Kilogramm-Barren schmelzen.

[157] In den Barrenbüchern wurde der Eingang bzw. die Abgabe von Goldbarren verzeichnet. Sie sind chronologisch geordnet und enthalten Angaben über Rauh- und Feingewicht, Feingoldgehalt und Banknummer der jeweiligen Barren. Die Abgabe an beispielsweise die Deutsche Bank wurde durch Durchstreichen der entsprechenden Positionen und Vermerk des Abgabedatums sowie des Empfängers gekennzeichnet. Im Barrenbuch werden Ein- und Ausgänge in chronologischer Reihenfolge gesondert aufgeführt. Die Einträge im Tresorarbeitsbuch enthalten weniger detaillierte Angaben als die Barrenbücher; hier sind hauptsächlich die Banknummern, seltener Gewicht oder Feingoldgehalt aufgeführt.

[158] In den Tagebüchern wurden in chronologischer Reihenfolge Eingänge von Edelmetallen bzw. bei den Melmereinlieferungen auch von Banknoten und Wertpapieren verbucht. Im Unterschied zu den Barrenbüchern sind die Eintragungen hier eher summarischer Form, d.h. es finden sich darin beispielsweise die Anzahl der eingelieferten Barren und ihr Gesamtgewicht sowie ein Hinweis auf den Gesamtwert einer solchen Lieferung.

Tabelle I: Tagebuch der Reichsbank-Edelmetallabteilung (Eingang von Melmerlieferungen bei der Reichsbank)

Datum	Lfde. Nr.	Einlieferer	Art und Menge	Gegenwert		
				am	in Höhe von RM	Zahlungsart
06.10.1942	1414	Melmer z.G. RFin.Min. (5. Sendung) ...	1) Noten 2) Goldmünzen 3) Schmucksachen **4) 11 Goldbarren** 5) 134 Silberbarren 6) Koffer m/Wertpapieren	6/10 8/10 9/10 **31/10** 7/10	ohne 35.526,95 ohne **217.285,96** ohne	Sorten Buchsch.? Pfandleihe Buchsch.? Wertpapier?
24.10.1942	1492	Melmer z.G. R.Fin.Min. (VI. Lfg.)	**1) 19** güld. Barren kgr **246,555** 2) 107 Silberb. 888,980 3) 2 Kisten m/Goldmünzen 4) 1 Koffer m/Briefmarken 5) 1 Koffer m/Schmucksachen 6) 1 Koffer m/Schmucksachen 7) 1 Kiste m/Schmucksachen	**28/11** 10/11 23/2.43 28/8.43	**379.920,23** 190.820,62 388,86 937,70 68,20 92.990,23	

Die hier beschriebenen Recherchen ermöglichten die Aufstellung der Tabelle 1, die den individuellen Weg aller von der Reichsbank an die Deutsche Bank abgegebenen Goldbarren nachzuzeichnen versucht. Aufgrund der schlechten Lesbarkeit der Quellen, mißverständlicher oder unvollständiger Angaben mußte die Tabelle lückenhaft bleiben. Es soll im folgenden anhand von zwei «Melmer-Lieferungen» illustriert werden, wie die Recherche im Detail aussah und welche Kriterien für die Verknüpfung der Daten maßgeblich waren.

Als Beispiel wurden zwei «Melmer-Lieferungen» gewählt, die beim ersten Blick auf Tabelle 1 einige Ungereimtheiten aufzuweisen scheinen. Denn: entgegen der im Haupttext ausführlich erläuterten These, daß Gold aus Melmer-Lieferungen zunächst zur Reichsbank gebracht und von dort zur Herstellung handelsüblicher Barren zur Degussa gegeben wurde, scheinen die Barren Nr. 36.887 bis 36.900 hier zuerst bei der Degussa und dann bei der Reichsbank eingegangen zu sein. Tatsächlich kann dieser Widerspruch betreffend die zeitliche Abfolge *nicht* aufgelöst werden. Es gibt aber Indizien, daß es sich in den verschiedenen zitierten Quellen um dieselben Barren handelt. Wie bereits erwähnt, wird es dabei notwendig sein, die jeweiligen Tabellen abweichend von ihrer chronologischen Abfolge zu konsultieren, um den Weg der Barren nachzuzeichnen. Im folgenden ist das Ziel zu verdeutlichen, daß dem logisch nachvollziehbaren Verlauf nur ein einziges - möglicherweise falsch notiertes - Datum entgegensteht.

In der zeitlichen Abfolge an erster Stelle steht das Tagebuch der Reichsbank-Edelmetallabteilung. Hier sind für den 6. bzw. 24. Oktober 1942 die folgenden Eingänge von «Melmergut» verzeichnet (siehe Tabelle I; die relevanten Einträge wurden fett gesetzt). Unser Interesse galt vor allem den Barren, die die Deutsche Bank von der Reichsbank erhielt. Über diesen Transfer gibt u.a. das Haupt- und Kontrollbuch «Verschiedene Barren» der Reichsbank-Edelmetallabteilung Auskunft. Diese Quelle steht in der Chronologie zwar an dritter Stelle, jedoch ist es zum Verständnis der übrigen Quellen unerläßlich, diese Aufstellung als nächste zu konsultieren. Bezüglich der oben genannten Einlieferungen finden sich folgende Einträge (siehe Tabelle II; die relevanten Positionen wurden fett gesetzt).

Die unter dem 31. Oktober 1942 im Haupt- und Kontrollbuch eingetragenen 7 Barren wurden am 14. Dezember 1942 an die Deutsche Bank abgegeben. Zur Provenienz wird für diese Barren auf die Tagebucheintragung unter der laufenden Nummer 1414 verwiesen. Es wird weiterhin angemerkt, daß 6 Barren aus einer Melmerlieferung mit einem Probierschein versehen eingeliefert worden seien. Daß auch der 7. Barren mit einem nicht handelsüblichen Gewicht von 2,9774 kgf zu der Einlieferung gehört, wird durch ein einfaches Rechenexempel unterstützt: Im Reichsbank-Tagebuch ist als monetärer Wert der 11 Goldbarren die Summe von 217.285,96 RM angegeben. Dividiert man diesen Betrag durch den gesetzlich vorgeschriebenen Goldankaufspreis von 2.784,— RM, so ergibt sich ein Feingoldgewicht von 78,048 kg. Addiert man die Feingewichte der 6 Standard- und des zusätzlichen kleineren Barrens, so ergibt sich ebendieses Gewicht: 78,048.1 kg.

Die unter dem 27. November 1942 eingetragenen Barren wurden ebenfalls am 14. Dezember an die Deutsche Bank abgegeben. (Die beiden zuletzt auf-

Tabelle II: Haupt- und Kontrollbuch „Verschiedene Barren“ der Reichsbank-Edelmetallabteilung (verzeichnet hier die Abgabe von Goldbarren an die DB)

Fundstelle	Datum	Schmelz-Nr.	Bank-Nr.	Rauhgewicht	Feingehalt	Feingewicht	Abgabe an DB	Provenienz
H, S. 12	**31.10.42**	**10.146**	**36.887**	**12,514.50**	**999,9**	**12,513.20**	**14.12.42**	H, S. 12: St. 6 Goldbarren m/Prob.-Sch. ... v/Melmer Tgb. Nr. 1414
H, S. 12	**31.10.42**	**10.147**	**36.888**	**12,516.00**	**999,9**	**12,514.70**	**14.12.42**	
H, S. 12	**31.10.42**	**10.148**	**36.889**	**12,512.50**	**999,9**	**12,511.20**	**14.12.42**	
H, S. 12	**31.10.42**	**10.149**	**36.890**	**12,514.00**	**999,9**	**12,512.70**	**14.12.42**	
H, S. 12	**31.10.42**	**10.150**	**36.891**	**12,513.00**	**999,9**	**12,511.70**	**14.12.42**	
H, S. 12	**31.10.42**	**10.151**	**36.892**	**12,508.50**	**999,9**	**12,507.20**	**14.12.42**	
H, S. 12	**31.10.42**	Feingold	**36.893**	**2,977.40**	**1000**	**2,977.40**	**14.12.42**	dito?
H, S. 13	**27.11.42**	**10.152**	**36.896**	**12,513.00**	**999,9**	**12,511.70**	**14.12.42**	H, S. 13: St. 11 Goldbarren v/Degussa m/Prob.-Sch. (betr. Melmer VI. Sendg.)
H, S. 13	**27.11.42**	**10.153**	**36.897**	**12,512.00**	**999,9**	**12,510.70**	**14.12.42**	
H, S. 13	**27.11.42**	**10.154**	**36.898**	**12,512.00**	**999,9**	**12,510.70**	**14.12.42**	
H, S. 13	**27.11.42**	**10.155**	**36.899**	**12,516.00**	**999,9**	**12,514.70**	**14.12.42**	
H, S. 13	**27.11.42**	**10.629**	**36.900**	**11,650.50**	**999,9**	**11,649.30**	**14.12.42**	
H, S. 13	27.11.42	1.475	36.901	12,519.50	999,9	12,518.20	14.12.42	
H, S. 13	27.11.42	1.480	36.906	12,198.00	999,9	12,196.70	08.12.42	

geführten Barren, von denen einer am 8. Dezember abgegeben wurde, sind in dem hier erläuterten Zusammenhang nicht von Bedeutung.) Die Verbindung zum Tagebuch der Reichsbank-Edelmetallabteilung wird hier über den Provenienz-Vermerk 11 Goldbarren» bzw. «Melmer VI. Sendung» hergestellt.

Die im Haupt- und Kontrollbuch enthaltenen Angaben zur Beschaffenheit der jeweiligen Barren ermöglichten es uns, in den Listen der Degussa den Weg der Barren zu verfolgen. Dabei ergab es sich, daß auch die unter dem 31. Oktober verbuchte Sendung, bei der der Hinweis auf den Einlieferer fehlt, von der Degussa abgesandt worden sein mußte. Anhaltspunkte waren dabei das Rauh- und Feingewicht, die Banknummer sowie die von der Degussa vergebene Schmelznummer. Es wurde - wie bereits im Text erläutert - deutlich, daß das Gold zweimal bei der Degussa war, nämlich einmal im Auftrag der Reichsbank, die es dort scheiden bzw. in eine handelsüblich Form bringen ließ, und ein zweites Mal im Auftrag der Deutschen Bank, die es in eine leichter handelbare Form, nämlich in Ein-Kilogramm-Barren umschmelzen ließ. In den Probenkontroll- bzw. Scheidbüchern fanden sich die folgenden Eintragungen (siehe Tabelle III; die hier relevanten Eintragungen wurden fett gesetzt):

Tabelle III: Scheidbuch der Degussa
(Auftragsbearbeitung für die Deutsche Bank)

Datum	Adressat	Feingehalt	Schmelz-Nr. Degussa	Rauhgewicht in kg	Feingewicht in kg
16.12.1942	DB Berlin	**999,9**	**10.146**	**12,514.50**	**12,513.20**
16.12.1942	DB Berlin	**999,9**	**10.147**	**12,516.00**	**12,514.70**
16.12.1942	DB Berlin	**999,9**	**10.148**	**12,512.50**	**12,511.20**
16.12.1942	DB Berlin	**999,9**	**10.149**	**12,514.00**	**12,512.70**
16.12.1942	DB Berlin	**999,9**	**10.150**	**12,513.00**	**12,511.70**
16.12.1942	DB Berlin	**999,9**	**10.151**	**12,508.50**	**12,507.20**
16.12.1942	DB Berlin	**1000**	Feingold	**2,977.40**	**2,977.40**
16.12.1942	DB Berlin	**999,9**	**10.152**	**12,513.00**	**12,511.70**
16.12.1942	DB Berlin	**999,9**	**10.153**	**12,512.00**	**12,510.70**
16.12.1942	DB Berlin	**999,9**	**10.154**	**12,512.00**	**12,510.70**
16.12.1942	DB Berlin	999,5	690/2311	2,504.70	2,503.40
16.12.1942	DB Berlin	**999,9**	**10.155**	**12,516.00**	**12,514.70**
16.12.1942	DB Berlin	**999,9**	**10.629**	**11,650.50**	**11,649.30**
16.12.1942	DB Berlin	999,9	1475	12,519.50	12,518.20
					zus. 154,766.80

In der Chronologie steht diese Tabelle an vierter und somit letzter Stelle. Sie wird an dieser Stelle behandelt, weil erst aus dieser Quelle hervorgeht, daß die im Haupt- und Kontrollbuch notierten Schmelznummern von der Degussa vergeben wurden, d.h. daß sie als ein Erkennungsmerkmal innerhalb der Degussabücher dienen können. Die hier wiedergegebenen Eintragungen aus einem der Scheidbücher bestätigen, daß alle unter dem 14. Dezember 1942 im Haupt- und Kontrollbuch als an die Deutsche Bank abgegeben verbuchten Goldbarren von der Deutschen Bank zum Schmelzen zur Degussa gegeben wurden. (Daß sie dennoch im Scheidbuch aufgeführt sind, ist ein Umstand, der weder von uns noch von seiten des Degussa-Archivs erklärt werden konnte.) Die Identifikation der einzelnen Barren erfolgte hier über das Rauh- und Feingewicht bzw. die Degussa-Schmelznummer, da die Bank-Nummer hier nicht mehr angegeben wurde.

Der Weg der Barren vor ihrer Abgabe durch die Reichsbank an die Deutsche Bank, d.h. der in chronologischer Hinsicht zweite Schritt, ist in einem der Probenkontrollbücher der Degussa vermerkt (siehe Tabelle IV; die hier relevanten Angaben wurden fett gesetzt).

Beim Vergleich der Auszüge aus dem Scheidbuch (für die Deutsche Bank, Tabelle III) und dem Probenkontrollbuch (für die Reichsbank, Tabelle IV) wird offensichtlich, daß die Barren mit gleicher Degussa-Schmelznummer auch ein identisches Rauhgewicht (dem entspricht das „Gewicht nach dem Schmelzen" in Tabelle IV) aufweisen. Der Umstand, daß für die fraglichen Barren in den drei detaillierten Aufstellungen (Tabellen II, III und IV) zwei Faktoren, nämlich fortlaufende Nummer und Rauhgewicht übereinstimmen, erlaubte nur den Schluß, daß es sich um dieselben Barren handeln muß.

Als Erklärung dafür, daß das Gold scheinbar früher bei der Degussa als bei der Reichsbank war, bietet sich zunächst die Möglichkeit an, daß es sich beim «ersten» hier zitierten Tagebucheintrag nicht um die originäre Lieferung Melmers, sondern bereits um eine Rücklieferung der Degussa handelte. Unter dieser Voraussetzung müßte die Buchung eigentlich als «zweiter» Tagebucheintrag aufgeführt werden. Dies ist aber insofern unwahrscheinlich, als die Eintragung eben nicht die Scheideanstalt als Einlieferer vermerkt, sondern Melmer. Außerdem beinhaltet die Auflistung ganz offensichtlich keine reine Goldabgabe, sondern eine für Melmerlieferungen typische Aufstellung verschiedener geraubter Güter. Dieser Umstand spricht auch gegen die Vermutung, «Melmer-Lieferungen» könnten generell - entgegen allen bekannten Aussagen von Reichsbankmitarbeitern und Melmer selbst - zuerst an die Degussa und von dort zur Reichsbank gegeben worden sein.

Ob in dem hier analysierten Fall ein Fehler in der Buchführung der Reichsbank oder der Degussa zu konstatieren ist, muß unseres Erachtens offen bleiben. Wir sind nach eingehendem Studium der Unterlagen aber der Ansicht, daß eine genaue Übereinstimmung von Schmelznummern und Rauhgewichten bei insgesamt 12 Goldbarren, die zudem in gleicher Reihenfolge in den Unterlagen auftauchen, kaum ein Zufall sein kann. Auch wird die Verknüpfung von Tabelle I und II, d.h. den Eintragungen im Tagebuch der Reichsbank-Edelmetallabteilung und im Haupt- und Kontrollbuch, «Verschiedene Barren», durch die Provenienz-Vermerke und die vorgestellten Berechnungen hinreichend unterstützt, um hier eine Verwechslung auszuschließen. Das Zusammentreffen aller dieser Indizien gab für uns den Ausschlag, die Verknüpfung aller hier aufgeführter Quellen in der beschriebenen Weise trotz des irreführenden Datumseintrags in den Reichsbank- bzw. Degussa-Unterlagen als gesichert zu betrachten.

Tabelle IV: Probenkontrollbuch der Degussa (Auftragsbearbeitung für die Reichsbank)

Band/Seite	Ankunfts-datum	Name	unsere Nr.	angege-bene Nr.	Barren-Nr.	Gewicht nach dem Schmel-zen	Feingehalt	an Metall-abteilung abge-geben
107/67	18.09.42	Reichsbank-Direktion Berlin (rot)	10.144	-	-	12,516.50	999,9	28.09.42
			10.145	-	-	12,520.00	999,9	28.09.42
			10.146	-	-	**12,514.50**	**999,9**	**28.09.42**
			10.147	-	-	**12,516.00**	**999,9**	**28.09.42**
			10.148	-	-	**12,512.50**	**999,9**	**28.09.42**
			10.149	-	-	**12,514.00**	**999,9**	**28.09.42**
			10.150	-	-	**12,513.00**	**999,9**	**28.09.42**
			10.151	-	-	**12,508.50**	**999,9**	**28.09.42**
			10.152	-	-	**12,513.00**	**999,9**	**28.09.42**
			10.153	-	-	**12,512.00**	**999,9**	**28.09.42**
			10.154	-	-	**12,512.00**	**999,9**	**28.09.42**
			10.155	-	-	**12,516.00**	**999,9**	**28.09.42**
107/80	**28.09.42**	**Reichsbank Berlin (rot)**	**10.629**	-	-	**11,650.50**	**999,9**	**28.09.42**
			10.630	-	-	3,873.40	999,9	29.09.42

Tabelle 1
Goldtransaktionen der Deutschen Bank in Einzelaufstellung

1.) «Verschiedene Barren»

Provenienz	Tagebuch RB	Degussa P + S (für RB)	Degussa A (für RB)	Tagebuch RB	Barrenbuch Eingangs-datum und Gewicht in kg	Bank-Nr.	Barrenbuch Ausgangs-buchung	Degussa P + S	Degussa A	CABV Wien
Pr. Münze/ Gulden-schmelze bzw. GA	–	–	–	–	**10.06.39** 1,957.40	35.222	TA: 02.04.42	S: 09.04.42		11.04.42
Bank von Danzig	–		–		**13.09.39** 2,000.10	35.346	02.04.42	S: 09.04.42		11.04.42
Affinerie Hamburg	–	–	–	–	**22.11.39** 2,058.70	35.493	24.06.42	S: 26.06.42	A: 06.07.42	06.07.42
Affinerie Hamburg	–	–	–	–	10,545.40	35.497	24.06.42	S: 26.06.42	A: 06.07.42	06.07.42
Bk. Brüssel	?	–	–	?	**19.10.40** 0,500.00	36.185	24.06.42	P+S: 26.06.42	A: 06.07.42	06.07.42

Provenienz	Tagebuch RB	Degussa P + S (für RB)	Degussa A (für RB)	Tagebuch RB	Barrenbuch Eingangs–datum und Gewicht in kg	Bank–Nr.	Barrenbuch Ausgangs–buchung	Degussa P + S	Degussa A	CABV Wien
Goldankauf	–	–	–	–	–	36.546	*TA:* 14.03.42	–		
Goldankauf	–	–	–	–	–	36.547	*TA:* 14.03.42	–		
Goldankauf	–	–	–	–	–	36.559	*TA:* 14.03.42	–		
Goldankauf	–	–	–	–	–	36.604	*TA:* 14.03.42	–		
Goldankauf	–	–	–	–	–	36.605	*TA:* 14.03.42	–		
Goldankauf	–	–	–	–	–	36.606	*TA:* 14.03.42	–		
Goldankauf	–	–	–	–	–	36.607	*TA:* 14.03.42	–		
Goldankauf	–	–	–	–	–	36.705	*TA:* 14.03.42	–		
Goldankauf	–	–	–	–	–	36.706	*TA:* 14.03.42	–		
Goldankauf	–	–	–	–	–	36.708	*TA:* 14.03.42	–		
Goldankauf	–	–	–	–	–	36.709	*TA:* 14.03.42	–		
Preuß. Münze	–	–	–	–	**14.03.42** 9,248.00	36.735	24.06.42	P+S: 26.06.42	A: 06.07.42	06.07.42
Preuß. Münze	–	–	–	–	10,806.70	36.736	24.06.42	P+S: 26.06.42	A: 06.07.42	06.07.42

Provenienz	Tagebuch RB	Degussa P + S (für RB)	Degussa A (für RB)	Tagebuch RB	Barrenbuch Eingangs–datum und Gewicht in kg	Bank–Nr.	Barrenbuch Ausgangs–buchung	Degussa P + S	Degussa A	CABV Wien
Preuß. Münze	–	–	–	–	5,284.70	36.737	24.06.42	P+S: 26.06.42	A: 06.07.42	06.07.42
Preuß. Münze	–	–	–	–	0,849.90	36.738	24.06.42	P+S: 26.06.42	A: 06.07.42	06.07.42
RKK Stanislaus	–	–	–	–	**14.03.42** 3,249.20	36.739	24.06.42	S: 26.06.42	A: 06.07.42	06.07.42
Preuß. Münze	–	–	–	–	**17.03.42** 11,878.60	36.740	24.06.42	P+S: 26.06.42	A: 06.07.42	06.07.42
Preuß. Münze	–	–	–	–	2,890.90	36.741	24.06.42	P+S: 26.06.42	A: 06.07.42	06.07.42
Preuß. Münze	–	–	–	–	7,883.00	36.742	24.06.42	P+S: 26.06.42	A: 06.07.42	06.07.42
RKK Paris	21.03.42	–	–	–	**31.03.42** 1,000.00	36.746	24.06.42	P+S: 26.06.42	A: 06.07.42	06.07.42
?	–	–	–	–	**05.04.42** 7,578.00	36.747	24.06.42	S: 26.06.42	A: 06.07.42	06.07.42
RB Hamburg Ankauf	–	–	–	–	**13.04.42** 0,971.10	36.749	12.06.42	S: 30.05.42 für RB		

Provenienz	Tagebuch RB	Degussa P + S (für RB)	Degussa A (für RB)	Tagebuch RB	Barrenbuch Eingangsdatum und Gewicht in kg	Bank–Nr.	Barrenbuch Ausgangsbuchung	Degussa P + S	Degussa A	CABV Wien
RKK Brüssel	22.04.42			–	**22.04.42** 12,780.60	36.750	22.04.42	P: 15.06.42 S: 30.05.42 für RB		20.06.42?
–	–			–	**23.04.42** 4,051.30	36.751	14.06.42	S: 30.05.42 für RB		20.06.42?
OKW	09.02.42?	–	–	–	**04.05.42** 10,750.70	36.752	15.05.42	P+S: 18.05.42	A: 23.05./ 01.06./09. 06.42	26.05./01. 06./08.06. 42
OKW	09.02.42?	–	–	–	11,819.40	36.753	15.05.42	P+S: 18.05.42	A: 23.05./ 01.06./09. 06.42	26.05./01. 06./08.06. 42
OKW	09.02.42?	–	–	–	10,939.10	36.754	15.05.42	P+S: 18.05.42	A: 23.05./ 01.06./09. 06.42	26.05./01. 06./08.06. 42
OKW	09.02.42?	–	–	–	12,779.70	36.755	15.05.42	P+S: 18.05.42	A: 23.05./ 01.06./09. 06.42	26.05./01. 06./08.06. 42
OKW	09.02.42?	–	–	–	12,773.30	36.756	15.05.42	P+S: 18.05.42	A: 23.05./ 01.06./09. 06.42	26.05./01. 06./08.06. 42

Provenienz	Tagebuch RB	Degussa P + S (für RB)	Degussa A (für RB)	Tagebuch RB	Barrenbuch Eingangs-datum und Gewicht in kg	Bank-Nr.	Barrenbuch Ausgangs-buchung	Degussa P + S	Degussa A	CABV Wien
OKW	09.02.42?	–	–	–	12,198.10	36.757	15.05.42	P+S: 18.05.42	A: 23.05./01.06./09.06.42	26.05./01.06./08.06.42
OKW	09.02.42?	–	–	–	12,369.10	36.758	15.05.42	P+S: 18.05.42	A: 23.05./01.06./09.06.42	26.05./01.06./08.06.42
OKW	09.02.42?	–	–	–	12,614.60	36.759	15.05.42	P+S: 18.05.42	A: 23.05./01.06./09.06.42	26.05./01.06./08.06.42
?	–	–	–	–	**04.05.42** 20,140.00	36.760	15.05.42	S: 18.05.42	A: 23.05./01.06./09.06.42	26.05./01.06./08.06.42
?	–	–	–	–	8,328.40	36.761	15.05.42	S: 18.05.42	A: 23.05./01.06./09.06.42	26.05./01.06./08.06.42
RKK Paris	–	–	–	–	**04.05.42** 12,793.80	36.762	12.06.42	P: 15.06.42 S: 30.05.42 für RB		20.06.42?
RB Sfr...?	–	–	–	–	**09.05.42** 4,251.20	36.763	12.06.42	S: 30.05.42 für RB		20.06.42?

Provenienz	Tagebuch RB	Degussa P + S (für RB)	Degussa A (für RB)	Tagebuch RB	Barrenbuch Eingangs–datum und Gewicht in kg	Bank–Nr.	Barrenbuch Ausgangs–buchung	Degussa P + S	Degussa A	CABV Wien
Fromberg & Co.	15.05.42	–	–	–	**15.05.42** 0,994.50	36.764	12.06.42	S: 30.05.42 für RB		20.06.42?
RB Bremen	14.05.42	–	–	–	**20.05.42** 4,527.50	36.765	12.06.42	P: 15.06.42 S: 30.05.42 für RB		20.06.42?
RB Bremen	14.05.42	–	–	–	1,427.30	36.766	12.06.42	P: 15.06.42 S: 30.05.42 für RB		20.06.42?
RB Bremen	14.05.42	–	–	–	0,282.50	36.767	12.06.42	S: 30.05.42 für RB		20.06.42?
RB Bremen	14.05.42	–	–	–	0,230.90	36.768	12.06.42	P: 15.06.42 S: 30.05.42 für RB		20.06.42?
RB Bremen	14.05.42	–	–	–	3,161.10	36.769	12.06.42	P: 15.06.42 S: 30.05.42 für RB		20.06.42?
RB Hamburg	–	–	–	–	**20.05.42** 2,170.90	36.770	12.06.42	P: 15.06.42 S: 30.05.42 für RB		20.06.42?

Provenienz	Tagebuch RB	Degussa P + S (für RB)	Degussa A (für RB)	Tagebuch RB	Barrenbuch Eingangs–datum und Gewicht in kg	Bank–Nr.	Barrenbuch Ausgangs–buchung	Degussa P + S	Degussa A	CABV Wien
RB Hamburg	–	–	–	–	1,650.60	36.771	12.06.42	P: 15.06.42 S: 30.05.42 für RB		20.06.42?
GA Bremen	–	–	–	–	**21.05.42** 2,951.90	36.772	12.06.42	P: 15.06.42 S: 30.05.42 für RB		20.06.42?
?	–	–	–	–	**22.05.42** 2,951.00	36.773	12.06.42	P: 15.06.42 S: 30.05.42 für RB		20.06.42?
RKK Paris	–	–	–	–	**23.05.42** 12,815.90	36.774	12.06.42	P: 15.06.42 S: 30.05.42 für RB		20.06.42?
RB Wien	28.05.42	–	–	–	**09.06.42** 1,001.40	36.775	12.06.42	S: 30.05.42 für RB		
RB Wien	28.05.42	–	–	–	1,001.10	36.776	12.06.42	S: 30.05.42 für RB		
RB Wien	28.05.42	–	–	–	1,000.70	36.777	12.06.42	S: 30.05.42 für RB		
RB Wien	28.05.42	–	–	–	1,001.30	36.778	12.06.42	S: 30.05.42 für RB		

Provenienz	Tagebuch RB	Degussa P + S (für RB)	Degussa A (für RB)	Tagebuch RB	Barrenbuch Eingangs-datum und Gewicht in kg	Bank-Nr.	Barrenbuch Ausgangs-buchung	Degussa P + S	Degussa A	CABV Wien
RB Wien	28.05.42	–	–	–	1,001.80	36.779	12.06.42	S: 30.05.42 für RB		
RB Hamburg	–	–	–	–	**09.06.42** 3,643.30	36.780	24.06.42	S: 26.06.42	A: 06.07.42	06.07.42
RKK Paris	22.06.42	–	–	–	**23.06.42** 4,999.50	36.781	14.09.42	S: 18.09.42	A: 25.09./01.10./08.10.42	25.09./01.10./08.10.42
Niederl. Bk. Amsterdam	24.06.42	–	–	–	**01.07.42** 0,998.80	36.782		S: 21.04.43	A: 28.04.43	28.04.43
Niederl. Bk. Amsterdam	24.06.42	–	–	–	0,999.80	36.784	17.01.44	S: 20.01.44	A: 31.01.44	03.02.44
Niederl. Bk. Amsterdam	24.06.42	–	–	–	1,000.10	36.785	17.01.44	S: 20.01.44	A: 31.01.44	03.02.44
Niederl. Bk. Amsterdam	24.06.42	–	–	–	0,999.80	36.786	17.01.44	S: 20.01.44	A: 31.01.44	03.02.44
Niederl. Bk. Amsterdam	24.06.42	–	–	–	0,999.90	36.787	17.01.44	S: 20.01.44	A: 31.01.44	03.02.44
Niederl. Bk. Amsterdam	24.06.42	–	–	–	1,000.00	36.788	17.01.44	P+S: 20.01.44	A: 31.01.44	03.02.44

Provenienz	Tagebuch RB	Degussa P + S (für RB)	Degussa A (für RB)	Tagebuch RB	Barrenbuch Eingangs-datum und Gewicht in kg	Bank-Nr.	Barrenbuch Ausgangs-buchung	Degussa P + S	Degussa A	CABV Wien
Niederl. Bk. Amsterdam	24.06.42	–	–	–	0,999.90	36.789	17.01.44	S: 20.01.44	A: 31.01.44	03.02.44
Niederl. Bk. Amsterdam	24.06.42	–	–	–	1,000.00	36.790	17.01.44	S: 20.01.44	A: 31.01.44	03.02.44
Niederl. Bk. Amsterdam	24.06.42	–	–	–	1,000.00	36.791	17.01.44	P+S: 20.01.44	A: 31.01.44	03.02.44
Niederl. Bk. Amsterdam	24.06.42	–	–	–	0,997.00	36.792	17.01.44	S: 20.01.44	A: 31.01.44	03.02.44
Niederl. Bk. Amsterdam	24.06.42	–	–	–	0,997.50	36.793	17.01.44	P+S: 20.01.44	A: 31.01.44	03.02.44
Niederl. Bk. Amsterdam	24.06.42	–	–	–	0,997.30	36.794	17.01.44	S: 20.01.44	A: 31.01.44	03.02.44
Niederl. Bk. Amsterdam	24.06.42	–	–	–	0,997.40	36.795	17.01.44	P+S: 20.01.44	A: 31.01.44	03.02.44
Niederl. Bk. Amsterdam	24.06.42	–	–	–	0,997.50	36.798	05.10.42	S: 12.10.42	A: 31.10.44	03.02.44
RB Bremen	01.07.42	–	–	–	**07.07.42** 5,989.80	36.802	14.09.42	S: 18.09.42	A: 25.09./01.10./08.10.42	25.09./01.10./08.10.42

Provenienz	Tagebuch RB	Degussa P + S (für RB)	Degussa A (für RB)	Tagebuch RB	Barrenbuch Eingangs–datum und Gewicht in kg	Bank–Nr.	Barrenbuch Ausgangs–buchung	Degussa P + S	Degussa A	CABV Wien
RKK Paris	07.07.42	–	–	–	**07.07.42** 1,001.30	36.803	14.09.42	S: 18.09.42	A: 25.09./01.10./08.10.42	25.09./01.10./08.10.42
Niederl. Bk. Amsterdam	22.07.42	–	–	–	**23.07.42** 0,999.90	36.806	14.09.42	S: 18.09.42	A: 25.09./01.10./08.10.42	25.09./01.10./08.10.42
RKK ...?	–	–	–	–	**04.08.42** 12,596.40	36.807	14.09.42	S: 18.09.42	A: 25.09./01.10./08.10.42	25.09./01.10./08.10.42
RKK ...?	–	–	–	–	12,611.90	36.808	14.09.42	S: 18.09.42	A: 25.09./01.10./08.10.42	25.09./01.10./08.10.42
RKK ...?	–	–	–	–	12,548.10	36.809	14.09.42	S: 18.09.42	A: 25.09./01.10./08.10.42	25.09./01.10./08.10.42
GA Hamburg	–	–	–	–	**07.08.42** 2,939.50	36.815	14.08.42	S: 18.08.42	A: 25.09./01.10./08.10.42	25.09./01.10./08.10.42
Preuß. Münze	–	–	–	–	**10.08.42** 11,350.80	36.816	14.08.42	S: 18.08.42	A: 25.09./01.10./08.10.42	25.09./01.10./08.10.42

Provenienz	Tagebuch RB	Degussa P + S (für RB)	Degussa A (für RB)	Tagebuch RB	Barrenbuch Eingangs-datum und Gewicht in kg	Bank–Nr.	Barrenbuch Ausgangs-buchung	Degussa P + S	Degussa A	CABV Wien
Preuß. Münze	–	–	–	–	11,967.90	36.817	14.08.42	S: 18.08.42	A: 25.09./01.10./08.10.42	25.09./01.10./08.10.42
Preuß. Münze	–	–	–	–	11,632.90	36.818	14.08.42	S: 18.08.42	A: 25.09./01.10./08.10.42	25.09./01.10./08.10.42
Preuß. Münze	–	–	–	–	11,661.80	36.819	14.08.42	S: 18.08.42	A: 25.09./01.10./08.10.42	25.09./01.10./08.10.42
Preuß. Münze	–	–	–	–	12,713.60	36.820	14.08.42	S: 18.08.42	A: 25.09./01.10./08.10.42	25.09./01.10./08.10.42
Preuß. Münze	–	–	–	–	13,610.40	36.821	14.08.42	S: 18.08.42	A: 25.09./01.10./08.10.42	25.09./01.10./08.10.42
Preuß. Münze	–	–	–	–	12,692.20	36.822	14.08.42	S: 18.08.42	A: 25.09./01.10./08.10.42	25.09./01.10./08.10.42

Provenienz	Tagebuch RB	Degussa P + S (für RB)	Degussa A (für RB)	Tagebuch RB	Barrenbuch Eingangs–datum und Gewicht in kg	Bank–Nr.	Barrenbuch Ausgangs–buchung	Degussa P + S	Degussa A	CABV Wien
Preuß. Münze	–	–	–	–	13,726.60	36.823	14.08.42	S: 18.08.42	A: 25.09./ 01.10./08. 10.42	25.09./01. 10./08.10. 42
Preuß. Münze	–	–	–	–	13,013.10	36.824	14.08.42	S: 18.08.42	A: 25.09./ 01.10./08. 10.42	25.09./01. 10./08.10. 42
Preuß. Münze	–	–	–	–	11,735.70	36.825	14.08.42	S: 18.08.42	A: 25.09./ 01.10./08. 10.42	25.09./01. 10./08.10. 42
Preuß. Münze	–	–	–	–	11,904.50	36.826	14.08.42	S: 18.08.42	A: 25.09./ 01.10./08. 10.42	25.09./01. 10./08.10. 42
Preuß. Münze	–	–	–	–	12,698.90	36.827	14.08.42	S: 18.08.42	A: 25.09./ 01.10./08. 10.42	25.09./01. 10./08.10. 42
Preuß. Münze	–	–	–	–	10,311.90	36.829	14.09.42	P+S: 18.09.42	A: 25.09./ 01.10./08. 10.42	25.09./01. 10./08.10. 42

Provenienz	Tagebuch RB	Degussa P + S (für RB)	Degussa A (für RB)	Tagebuch RB	Barrenbuch Eingangs-datum und Gewicht in kg	Bank-Nr.	Barrenbuch Ausgangs-buchung	Degussa P + S	Degussa A	CABV Wien
Preuß. Münze	–	–	–	–	4,718.60	36.832	14.09.42	P+S: 18.09.42	A: 25.09./01.10./08.10.42	25.09./01.10./08.10.42
Preuß. Münze/Gulden-schmelze	–	–	–	–	**10.08.42** 10,755.90	36.835	14.09.42	P+S: 18.09.42	A: 25.09./01.10./08.10.42	25.09./01.10./08.10.42
Preuß. Münze/Gulden-schmelze	–	–	–	–	10,795.10	36.836	14.09.42	P+S: 18.09.42	A: 25.09./01.10./08.10.42	25.09./01.10./08.10.42
Preuß. Münze/Gulden-schmelze	–	–	–	–	10,708.70	36.837	14.09.42	P+S: 18.09.42	A: 25.09./01.10./08.10.42	25.09./01.10./08.10.42
Preuß. Münze/Gulden-schmelze	–	–	–	–	10,834.20	36.838	14.09.42	S: 18.09.42	A: 25.09./01.10./08.10.42	25.09./01.10./08.10.42

Provenienz	Tagebuch RB	Degussa P + S (für RB)	Degussa A (für RB)	Tagebuch RB	Barrenbuch Eingangs–datum und Gewicht in kg	Bank–Nr.	Barrenbuch Ausgangs–buchung	Degussa P + S	Degussa A	CABV Wien
Preuß. Münze/ Gulden-schmelze	–	–	–	–	7,459.30	36.839	14.09.42	S: 18.09.42	A: 25.09./ 01.10./08. 10.42	25.09./01. 10./08.10. 42
Preuß. Münze/ Gulden-schmelze	–	–	–	–	3,561.10	36.840	14.09.42	S: 18.09.42	A: 25.09./ 01.10./08. 10.42	25.09./01. 10./08.10. 42
RKK Brüssel	08.08.42	–	–	–	**13.08.42** 1,700.00	36.841	14.09.42	S: 18.09.42	A: 25.09./ 01.10./08. 10.42	25.09./01. 10./08.10. 42
Preuß. Münze/ Gulden-schmelze	–	–	–	–	**25.08.42** 4,312.00	36.843	14.09.42	S: 18.09.42	A: 25.09./ 01.10./08. 10.42	25.09./01. 10./08.10. 42
RKK Brüssel	–	–	–	–	**25.08.42** 0,713.50	36.844	14.09.42	S: 18.09.42	A: 25.09./ 01.10./08. 10.42	25.09./01. 10./08.10. 42

Provenienz	Tagebuch RB	Degussa P + S (für RB)	Degussa A (für RB)	Tagebuch RB	Barrenbuch Eingangs-datum und Gewicht in kg	Bank-Nr.	Barrenbuch Ausgangs-buchung	Degussa P + S	Degussa A	CABV Wien
RKK Paris	–	–	–	–	**25.08.42** 0,659.70	36.845	14.09.42	S: 18.09.42	A: 25.09./01.10./08.10.42	25.09./01.10./08.10.42
Preuß. Münze/Gulden-schmelze	–	–	–	–	**25.08.42**? 0,672.50	36.846	14.09.42	S: 18.09.42	A: 25.09./01.10./08.10.42	25.09./01.10./08.10.42
?	–	–	–	–	**03.09.42** 5,520.00	36.849	14.09.42	S: 12.10.42	A: 25.09./01.10./08.10.42	25.09./01.10./08.10.42
RKK Paris	04.09.42	–	–	–	**05.09.42** 12,787.90	36.850	14.09.42	S: 18.09.42	A: 25.09./01.10./08.10.42	25.09./01.10./08.10.42
RKK Brüssel	16.09.42	–	–	–	**18.09.42** 0,955.80	36.851	06.10.42	S: 12.10.42	A: 15./23./29.10.42	15./23./29.10.42
RKK Brüssel	15.10.42	–	–	–	**25.10.42** 2,301.90	36.882	28.12.42	S: 30.12.42	A: 25.01./03./10.02.43	25.01./03.02./10.02.43

Provenienz	Tagebuch RB	Degussa P + S (für RB)	Degussa A (für RB)	Tagebuch RB	Barrenbuch Eingangs–datum und Gewicht in kg	Bank–Nr.	Barrenbuch Ausgangs–buchung	Degussa P + S	Degussa A	CABV Wien
RB Köln/ Niederl. Bk. Amsterdam	13.10.42	–	–	–	**23.10.42** 1,000.20	36.884	28.12.42	S: 30.12.42	A: 25.01./ 03./10.02. 43	25.01./03. 02./10.02. 43
RB Köln/ Niederl. Bk. Amsterdam	13.10.42	–	–	–	0,999.90	36.885	28.12.42	S: 30.12.42	A: 25.01./ 03./10.02. 43	25.01./03. 02./10.02. 43
Melmer	06.10.42: 11 Gold-barren	P: 18.09.42		–	**31.10.42** 12,513.20	36.887	14.12.42	S: 16.12.42	A: 21.12./ 11./18.01. 42	22.12./11. 01./18.01. 42
Melmer	06.10.42: 11 Gold-barren	P: 18.09.42		–	12,514.70	36.888	14.12.42	S: 16.12.42	A: 21.12./ 11./18.01. 42	22.12./11. 01./18.01. 42
Melmer	06.10.42: 11 Gold-barren	P: 18.09.42		–	12,511.20	36.889	14.12.42	S: 16.12.42	A: 21.12./ 11./18.01. 42	22.12./11. 01./18.01. 42
Melmer	06.10.42: 11 Gold-barren	P: 18.09.42		–	12,512.70	36.890	14.12.42	S: 16.12.42	A: 21.12./ 11./18.01. 42	22.12./11. 01./18.01. 42
Melmer	06.10.42: 11 Gold-barren	P: 18.09.42		–	12,511.70	36.891	14.12.42	S: 16.12.42	A: 21.12./ 11./18.01. 42	22.12./11. 01./18.01. 42

Provenienz	Tagebuch RB	Degussa P + S (für RB)	Degussa A (für RB)	Tagebuch RB	Barrenbuch Eingangs-datum und Gewicht in kg	Bank-Nr.	Barrenbuch Ausgangs-buchung	Degussa P + S	Degussa A	CABV Wien
Melmer	06.10.42: 11 Gold-barren	P: 18.09.42		–	12,507.20	36.892	14.12.42	S: 16.12.42	A: 21.12./11./18.01.42	22.12./11.01./18.01.42
Melmer	06.10.42: 11 Gold-barren			–	2,977.40	36.893	14.12.42	S: 16.12.42	A: 21.12./11./18.01.42	22.12./11.01./18.01.42
Melmer	24.10.42: 19 güld. Barren	P: 18.09.42		–	**27.11.42** 12,511.70	36.896	14.12.42	S: 16.12.42	A: 21.12./11./18.01.42	22.12./11.01./18.01.42
Melmer	24.10.42: 19 güld. Barren	P: 18.09.42		–	12,510.70	36.897	14.12.42	S: 16.12.42	A: 21.12./11./18.01.42	22.12./11.01./18.01.42
Melmer	24.10.42: 19 güld. Barren	P: 18.09.42		–	12,510.70	36.898	14.12.42	S: 16.12.42	A: 21.12./11./18.01.42	22.12./11.01./18.01.42
Melmer	24.10.42: 19 güld. Barren	P: 18.09.42		–	12,514.70	36.899	14.12.42	S: 16.12.42	A: 21.12./11./18.01.42	22.12./11.01./18.01.42
Melmer	24.10.42: 19 güld. Barren	P: 28.09.42		–	11,649.30	36.900	14.12.42	S: 16.12.42	A: 21.12./11./18.01.42	22.12./11.01./18.01.42

Provenienz	Tagebuch RB	Degussa P + S (für RB)	Degussa A (für RB)	Tagebuch RB	Barrenbuch Eingangs–datum und Gewicht in kg	Bank–Nr.	Barrenbuch Ausgangs–buchung	Degussa P + S	Degussa A	CABV Wien
Melmer	24.10.42: 19 güld. Barren	P: 17.11.42	A: 19.11.42		12,518.20	36.901	14.12.42	S: 16.12.42	A: 21.12./11./18.01.42	22.12./11.01./18.01.42
Melmer	24.10.42: 19 güld. Barren	P: 17.11.42	A: 19.11.42?		12,196.70	36.906	14.12.42	S: 30.12.42	A: 21.12./11./18.01.42	22.12./11.01./18.01.42
RKK Ant-werpen	03.12.42	–	–	–	**08.12.42** 2,503.40	36.908	14.12.42	S: 16.12.42	A: 21.12./11./18.01.42	22.12./11.01./18.01.42
Melmer	24.10.42: 19 güld. Barren	P: 20.11.42	A: 03.12.42	05.12.42: 4 Btl. m/ Gold-barren v/ Degussa	**08.12.42** 12,513.20	36.909	28.12.42	S: 30.12.42	A: 25.01./03./10.02.43	25.01./03.02./10.02.43
Melmer	24.10.42: 19 güld. Barren	P: 20.11.42	A: 03.12.42	05.12.42: 4 Btl. m/ Gold–barren v/ Degussa	12,512.20	36910	28.12.42	S: 30.12.42	A: 25.01./03./10.02.43	25.01./03.02./10.02.43

Provenienz	Tagebuch RB	Degussa P + S (für RB)	Degussa A (für RB)	Tagebuch RB	Barrenbuch Eingangsdatum und Gewicht in kg	Bank–Nr.	Barrenbuch Ausgangsbuchung	Degussa P + S	Degussa A	CABV Wien
Melmer	24.10.42: 19 güld. Barren	P: 20.11.42	A: 03.12.42	05.12.42: 4 Btl. m/ Gold–barren v/ Degussa	12,519.20	36.911	28.12.42	S: 30.12.42	A: 25.01./ 03./10.02. 43	25.01./03. 02./10.02. 43
Melmer	24.10.42: 19 güld. Barren	P: 20.11.42	A: 03.12.42	05.12.42: 4 Btl. m/ Gold–barren v/ Degussa	6,287.30	36.912	28.12.42	S: 30.12.42	A: 25.01./ 03./10.02. 43	25.01./03. 02./10.02. 43
Melmer	14.11.42: St. 20 Gold-barren	P: 22.11.42	A: 03.12.42	09.12.42: St. 12 Btl. m/Gold-barren v/ Degussa	**15.12.42** 12,511.70	36.913	28.12.42	S: 30.12.42	A: 25.01./ 03./10.02. 43	25.01./03. 02./10.02. 43
Melmer	14.11.42: St. 20 Gold-barren	P: 22.11.42	A: 03.12.42	09.12.42: St. 12 Btl. m/Gold-barren v/ Degussa	12,517.70	36.914	28.12.42	S: 30.12.42	A: 25.01./ 03./10.02. 43	25.01./03. 02./10.02. 43

Provenienz	Tagebuch RB	Degussa P + S (für RB)	Degussa A (für RB)	Tagebuch RB	Barrenbuch Eingangs–datum und Gewicht in kg	Bank–Nr.	Barrenbuch Ausgangs–buchung	Degussa P + S	Degussa A	CABV Wien
Melmer	14.11.42: St. 20 Gold-barren	P: 22.11.42	A: 03.12.42	09.12.42: St. 12 Btl. m/Gold-barren v/ Degussa	12,515.70	36.915	28.12.42	S: 30.12.42	A: 25.01./ 03./10.02. 43	25.01./03. 02./10.02. 43
Melmer	14.11.42: St. 20 Gold-barren	P: 22.11.42	A: 03.12.42	09.12.42: St. 12 Btl. m/Gold-barren v/ Degussa	12,509.70	36.916	28.12.42	S: 30.12.42	A: 25.01./ 03./10.02. 43	25.01./03. 02./10.02. 43
Melmer	14.11.42: St. 20 Gold-barren	P: 22.11.42	A: 03.12.42	09.12.42: St. 12 Btl. m/Gold-barren v/ Degussa	12,516.20	36.917	28.12.42	S: 30.12.42	A: 25.01./ 03./10.02. 43	25.01./03. 02./10.02. 43
Melmer	14.11.42: St. 20 Gold-barren	P: 22.11.42	A: 03.12.42	09.12.42: St. 12 Btl. m/Gold-barren v/ Degussa	12,515.20	36.918	28.12.42	S: 30.12.42	A: 25.01./ 03./10.02. 43	25.01./03. 02./10.02. 43

Provenienz	Tagebuch RB	Degussa P + S (für RB)	Degussa A (für RB)	Tagebuch RB	Barrenbuch Eingangsdatum und Gewicht in kg	Bank-Nr.	Barrenbuch Ausgangsbuchung	Degussa P + S	Degussa A	CABV Wien
Preuß. Münze	–	–	–	–	**16.01.43** 5,924.90	36.931		S: 21.04.43	A: 28.04.43?	28.04.43?
RKK Paris	–	–	–	–	**13.02.43** 1,899.10	36.933	28.07.43	S: 31.07.43	A: 06.08.43	06.08.43
Melmer	10.12.42: St. 24 Goldbarren	P: 19.01.43	A: 27.01.43	29.01.43: 13 Btl. m/je 1 Goldbarren v/ Degussa	**17.02.43** 8,292.80	36.948	25.02.43	S: 01.03.43		
Melmer	07.01.43: St. 14 Goldbarren	P: 06.02.43	A: 10.02.43	12.02.43: St. 7 Goldbarren v/ Degussa	**17.02.43** 12,513.20	36.950		S: 01.03.43		
Melmer	07.01.43: St. 14 Goldbarren	P: 06.02.43	A: 10.02.43	12.02.43: St. 7 Goldbarren v/ Degussa	12,511.70	36.951		S: 01.03.43		

Provenienz	Tagebuch RB	Degussa P + S (für RB)	Degussa A (für RB)	Tagebuch RB	Barrenbuch Eingangs–datum und Gewicht in kg	Bank–Nr.	Barrenbuch Ausgangs–buchung	Degussa P + S	Degussa A	CABV Wien
Melmer	07.01.43: St. 14 Gold-barren	P: 06.02.43	A: 10.02.43	12.02.43: St. 7 Gold-barren v/ Degussa	12,511.70	36.952		S: 01.03.43		
Melmer	07.01.43: St. 14 Gold-barren	P: 06.02.43	A: 10.02.43	12.02.43: St. 7 Gold-barren v/ Degussa	12,512.20	36.953		S: 01.03.43		
Düsseldorf	–	–	–	–	**15.03.43** 1,024.70	36.971	24.04.43?	S: 30.04.43		
Melmer	–	–	–	–	**07.04.43** 19,428.00	36.997		S: 30.04.43		
Melmer	–	–	–	14.05.43: 7 Btl. m/ Gold–barren v/ Degussa	**12.04.43** 12,509.70	36.998		S: 30.04.43		

Provenienz	Tagebuch RB	Degussa P + S (für RB)	Degussa A (für RB)	Tagebuch RB	Barrenbuch Eingangs–datum und Gewicht in kg	Bank–Nr.	Barrenbuch Ausgangs–buchung	Degussa P + S	Degussa A	CABV Wien
Melmer	–	–	–	14.05.43: 7 Btl. m/ Gold–barren v/ Degussa	12,516.70	36.999		S: 30.04.43		
Melmer	–	P: 06.02.43	A: 10.02.43	14.05.43: 7 Btl. m/ Gold–barren v/ Degussa	12,515.70	37000		S: 30.04.43		
Melmer	–	P: 06.02.43	A: 10.02.43	14.05.43: 7 Btl. m/ Gold–barren v/ Degussa	11,102.90	37.001		S: 30.04.43		
Melmer	–	P: 06.04.43	A: 10.02.43	14.05.43: 7 Btl. m/ Gold–barren v/ Degussa	12,510.70	37.002		S: 30.04.43		

Provenienz	Tagebuch RB	Degussa P + S (für RB)	Degussa A (für RB)	Tagebuch RB	Barrenbuch Eingangsdatum und Gewicht in kg	Bank-Nr.	Barrenbuch Ausgangsbuchung	Degussa P + S	Degussa A	CABV Wien
Melmer	–	P: 06.04.43	A: 10.02.43	14.05.43: 7 Btl. m/ Gold-barren v/ Degussa	12,512.70	37.003		S: 30.04.43		
Melmer	–	P: 06.04.43	A: 10.02.43	14.05.43: 7 Btl. m/Gold-barren v/ Degussa	6,553.90	37.004		S: 30.04.43		
RKK Paris/ Preuß. Münze	10.04.43: 2 Gold-barren	–	–	–	**14.04.43** 0,996.30	37.009	12.10.43	P+S: 15.10.43	A: 27.10.43	27.10.43
RKK Gent	10.04.43: 2 Gold-barren	–	–	–	**16.04.43** 2,435.90	37.010	12.10.43	S: 15.10.43	A: 27.10.43	27.10.43
?	–	–	–	–	**27.04.43?** 7,061.20	37.011	18.08.43	S: 26.08.43	A: 28.08./03./10.09.42	28.08./04.09./10.09.42

Provenienz	Tagebuch RB	Degussa P + S (für RB)	Degussa A (für RB)	Tagebuch RB	Barrenbuch Eingangs-datum und Gewicht in kg	Bank–Nr.	Barrenbuch Ausgangs-buchung	Degussa P + S	Degussa A	CABV Wien
RB Hamburg	–	–	–	–	**13.05.43** 5,301.60	37.014		S: 03.06.43		
RKK Paris	–	–	–	–	**13.05.43** 11,163.60	37.025	28.07.43	P+S: 31.07.43	A: 06.08.43	06.08.43
RKK Paris	–	–	–	–	11,509.50	37.026	28.07.43	P+S: 31.07.43	A: 06.08.43	06.08.43
RKK Paris	–	–	–	–	11,672.10	37.027	28.07.43	P+S: 31.07.43	A: 06.08.43	06.08.43
?	–	–	–	–	**14.05.43** 8,007.10	37.033	17.08.43	S: 21.08.43	A: 28.08./ 03./10.09. 42	28.08./ 04.09./ 10.09.42
RB Freiburg	14.05.43: 1 Gold-barren	–	–	–	**14.05.43** 6,265.60	37.034	31.05.43	S: 03.06.43		
Melmer	17.03.43: 5 Kisten, 7 Koffer, 3 Pakete?	–	–	14.05.43: 9 Gold-barren v/ Degussa	**20.05.43** 12,509.70	37.035	31.05.43	S: 03.06.43		

Provenienz	Tagebuch RB	Degussa P + S (für RB)	Degussa A (für RB)	Tagebuch RB	Barrenbuch Eingangs–datum und Gewicht in kg	Bank–Nr.	Barrenbuch Ausgangs–buchung	Degussa P + S	Degussa A	CABV Wien
Melmer	17.03.43: 5 Kisten, 7 Koffer, 3 Pakete?	–	–	14.05.43: 9 Gold-barren v/ Degussa	12,516.70	37.036	31.05.43	S: 03.06.43		
Melmer	17.03.43: 5 Kisten, 7 Koffer, 3 Pakete?	–	–	14.05.43: 9 Gold-barren v/ Degussa	12,515.70	37.037	31.05.43	S: 03.06.43		
Melmer	17.03.43: 5 Kisten, 7 Koffer, 3 Pakete?	–	–	14.05.43: 9 Gold-barren v/ Degussa	12,510.70	37.038	31.05.43	S: 03.06.43		
Melmer	17.03.43: 5 Kisten, 7 Koffer, 3 Pakete?	–	–	14.05.43: 9 Gold-barren v/ Degussa	12,512.70	37.039	31.05.43	S: 03.06.43		
Melmer	17.03.43: 5 Kisten, 7 Koffer, 3 Pakete?	P: 05.05.43	–	14.05.43: 9 Gold-barren v/ Degussa	12,514.30	37.040	31.05.43	S: 03.06.43		

Provenienz	Tagebuch RB	Degussa P + S (für RB)	Degussa A (für RB)	Tagebuch RB	Barrenbuch Eingangs-datum und Gewicht in kg	Bank-Nr.	Barrenbuch Ausgangs-buchung	Degussa P + S	Degussa A	CABV Wien
Melmer	17.03.43: 5 Kisten, 7 Koffer, 3 Pakete?	P: 05.05.43	–	14.05.43: 9 Gold-barren v/ Degussa	12,511.70	37.041	31.05.43	S: 03.06.43		
Melmer	17.03.43: 5 Kisten, 7 Koffer, 3 Pakete?	P: 10.05.43	–	14.05.43: 9 Gold-barren v/ Degussa	12,747.70	37.042	31.05.43	S: 03.06.43		
Melmer	17.03.43: 5 Kisten, 7 Koffer, 3 Pakete?	P: 10.05.43	–	14.05.43: 9 Gold-barren v/ Degussa	12,753.30	37.043	31.05.43	S: 03.06.43		
RKK Brüssel	27.05.43	–	–	–	**03.06.43** 12,554.80	37.049	17.08.43	P+S: 21.08.43	A: 28.08./03./10.09.42	28.08./04.09./10.09.42
RKK Brüssel	27.05.43	–	–	–	12,501.20	37.050	17.08.43	P+S: 21.08.43	A: 28.08./03./10.09.42	28.08./04.09./10.09.42
RKK Brüssel	27.05.43	–	–	–	12,881.40	37.051	17.08.43	P+S: 21.08.43	A: 28.08./03./10.09.42	28.08./04.09./10.09.42

Provenienz	Tagebuch RB	Degussa P + S (für RB)	Degussa A (für RB)	Tagebuch RB	Barrenbuch Eingangs-datum und Gewicht in kg	Bank-Nr.	Barrenbuch Ausgangs-buchung	Degussa P + S	Degussa A	CABV Wien
RKK Brüssel	27.05.43	–	–	–	12,507.00	37.052	17.08.43	P+S: 21.08.43	A: 28.08./03./10.09.42	28.08./04.09./10.09.42
RKK Brüssel	27.05.43	–	–	–	12,783.80	37.053	17.08.43	P+S: 21.08.43	A: 28.08./03./10.09.42	28.08./04.09./10.09.42
RKK Brüssel	27.05.43	–	–	–	12,817.30	37.054	17.08.43	S: 21.08.43	A: 28.08./03./10.09.42	28.08./04.09./10.09.42
RKK Brüssel	27.05.43	–	–	–	12,803.00	37.055	17.08.43	S: 21.08.43	A: 28.08./03./10.09.42	28.08./04.09./10.09.42
Melmer	–	–	–	26.06.43: 3 Goldbarren v/ Degussa	**30.06.43** 12,515.20	37.068	Sept. 43	S: 16.09.43	A: 21.09.43	21.09.43
Melmer	–	–	–	–	**26.06.43**? 10,081.00	37.070	15.10.43	S: 20.10.43	A:08./09.43	08./09.11.43
Melmer	–	–	–	–	8,817.50	37.071		S: 06.11.43	A: 13./18.11.42	13./19.11.42

Provenienz	Tagebuch RB	Degussa P + S (für RB)	Degussa A (für RB)	Tagebuch RB	Barrenbuch Eingangs-datum und Gewicht in kg	Bank-Nr.	Barrenbuch Ausgangs-buchung	Degussa P + S	Degussa A	CABV Wien
Preuß. Münze	–	–	–	–	**27.06.43** 5,408.80	37.073		S: 16.09.43	A: 21.09.43	21.09.43
RKK Gent	03.07.43	–	–	–	**27.06.43** 0,994.30	37.077		S: 06.11.43	A: 13./18. 11.42	13./19.11. 42
RKK Lille	06.06.43?	–	–	–	**17.07.43**? 0,998.10	37.078		S: 06.11.43	A: 13./18. 11.42	13./19.11. 42
Preuß. Münze?	–	–	–	–	**17.07.43**? 12,613.80	37.080		P+S: 26.08.43	A: 28.08./ 03./10.09. 42	28.08./04. 09./10.09. 42
Preuß. Münze?	–	–	–	–	5,344.00	37.081		P+S: 26.08.43	A: 28.08./ 03./10.09. 42	28.08./04. 09./10.09. 42
Preuß. Münze?	–	–	–	–	11,866.50	37.082		P+S: 26.08.43	A: 28.08./ 03./10.09. 42	28.08./04. 09./10.09. 42
Preuß. Münze?	–	–	–	–	11,942.00	37.083		P+S: 15.10.43	A: 27.10.43	27.10.43
Preuß. Münze?	–	–	–	–	3,176.60	37.084		P+S: 31.07.43	A: 06.08.43	06.08.43

Provenienz	Tagebuch RB	Degussa P + S (für RB)	Degussa A (für RB)	Tagebuch RB	Barrenbuch Eingangsdatum und Gewicht in kg	Bank-Nr.	Barrenbuch Ausgangsbuchung	Degussa P + S	Degussa A	CABV Wien
Melmer	15.06.43: 10 Goldbarren	–	–	26.07.43: 5 Goldbarren v/ Degussa	**30.07.43** 12,517.70	37.094	12.10.43	S: 15.10.43	A: 27.10.43	27.10.43
Melmer	15.06.43: 10 Goldbarren	–	–	26.07.43: 5 Goldbarren v/ Degussa	12,514.20	37.095	12.10.43	S: 20.10.43	A: 08./09.11.42	08./09.11.42
Melmer	15.06.43: 10 Goldbarren	–	–	26.07.43: 5 Goldbarren v/ Degussa	12,515.70	37096	12.10.43	S: 20.10.43	A: 08./09.11.43	08./09.11.43
Melmer	15.06.43: 10 Goldbarren	–	–	26.07.43: 5 Goldbarren v/ Degussa	12,514.20	37.097	12.10.43	S: 20.10.43	A: 08./09.11.43	08./09.11.43
Melmer	15.06.43: 10 Goldbarren	–	–	26.07.43: 5 Goldbarren v/ Degussa	9,691.50	37.098	12.10.43	S: 20.10.43	A: 08./09.11.43	08./09.11.43

Provenienz	Tagebuch RB	Degussa P + S (für RB)	Degussa A (für RB)	Tagebuch RB	Barrenbuch Eingangs–datum und Gewicht in kg	Bank–Nr.	Barrenbuch Ausgangs–buchung	Degussa P + S	Degussa A	CABV Wien
Melmer	15.07.43: St. 11 güld. Barren?	P: 05.08.43	A: 06.08.43	09.08.43: 6 Gold-barren v/ Degussa	**12.08.43** 12,515.20	37.103	03.11.43	S: 06.11.43	A: 13./18. 11.43	13./19.11. 43
Melmer	15.07.43: St. 11 güld. Barren?	P: 05.08.43	A: 06.08.43	09.08.43: 6 Gold-barren v/ Degussa	10,027.00	37.104	15.10.43	S:20.10. 43	A: 08./09. 11.43	08./09.11. 43
Preuß. Münze	–	–	–	–	**01.09.43** 4,062.90	37.111	12.10.43	P+S: 15.10.43	A: 27.10.43	27.10.43
Paris Ankauf	–	–	–	–	**14.09.43** 0,982.90	37.116	06.01.44	P+S: 10.01.44	A: 17.01.44	18.01.44
Niederl. Bk. Amsterdam	22.09.43	–	–	–	**17.09.43** 1,000.00	37.118	06.01.44	S: 10.01.44	A: 17.01.44	18.01.44
RKK Paris	04.10.43	–	–	–	**06.10.43** 0,994.50	37.120	06.01.44	P+S: 10.01.44	A: 17.01.44	18.01.44
RKK Brüssel	06.10.43	–	–	–	**07.10.43** 1,000.00	37.121	06.01.44	S: 10.01.44	A: 17.01.44	18.01.44

Provenienz	Tagebuch RB	Degussa P + S (für RB)	Degussa A (für RB)	Tagebuch RB	Barrenbuch Eingangs-datum und Gewicht in kg	Bank-Nr.	Barrenbuch Ausgangs-buchung	Degussa P + S	Degussa A	CABV Wien
RKK Brüssel	06.10.43	–	–	–	1,000.00	37.122	06.01.44	P+S: 10.01.44	A: 17.01.44	18.01.44
RKK Brüssel	06.10.43	–	–	–	0,999.90	37.123	06.01.44	S: 10.01.44	A: 17.01.44	18.01.44
Melmer	–	–	–	–	**13.10.43** 6,371.00	37.133	03.11.43	S: 06.11.43	A: 13./18. 11.42	13./19.11. 42
?	–	–	–	–	**13.10.43** 1,896.50	37.134		S. 06.11.43	A: 13./18. 11.42	13./19.11. 42
RKK Brüssel	11.10.43	–	–	–	**16.10.43** 0,993.70	37.136		S: 10.01.44	A: 17.01.44	18.01.44
Melmer	–	–	–	18.10.43: 6 Gold-barren v/ Degussa	**22.10.43** 12,515.20	37.138		S: 06.11.43	A: 13./18. 11.42	13./19.11. 42
Melmer	–	–	–	18.10.43: 6 Gold-barren v/ Degussa	12,515.70	37.139		S: 06.11.43	A: 13./18. 11.42	13./19.11. 42

Provenienz	Tagebuch RB	Degussa P + S (für RB)	Degussa A (für RB)	Tagebuch RB	Barrenbuch Eingangs-datum und Gewicht in kg	Bank-Nr.	Barrenbuch Ausgangs-buchung	Degussa P + S	Degussa A	CABV Wien
Melmer	–	–	–	18.10.43: 6 Gold-barren v/ Degussa	11,510.30	37.140		S: 06.11.43	A: 13./18. 11.42	13./19.11. 42
Melmer	–	–	–	18.10.43: 6 Gold-barren v/ Degussa	12,512.70	37.142		S: 10.01.44	A: 17.01.44	18.01.44
Melmer	–	–	–	18.10.43: 6 Gold-barren v/ Degussa	11,517.30	37.143		S: 10.01.44	A: 17.01.44	18.01.44
Melmer	–	–	–	27.10.43: 5 Gold-barren v/ Degussa	**01.11.43** 2,010.90	37.196		S: 06.11.43	A: 13./18. 11.42	13./19.11. 42
Melmer	–	–	–	–	**04.11.43** 7,224.80	37.197	17.11.43	S: 20.01.44	A: 31.01.44	03.02.44
?	–	–	–	–	**10.11.43** 1,541.50	37.203	17.11.43	P+S: 20.01.44	A: 31.01.44	03.02.44

2.) «Hochwertige Barren»

Provenienz	Tagebuch RB	Barrenbuch, Eingangs–datum und Gewicht in kg	Bank–Nr.	Barrenbuch, Ausgangs–buchung	Degussa	Degussa	CABV Wien
Reichshaupt-kasse/GA	02.02.42	**05.02.42** 11,719.80	36.692	02.04.42	S: 09.04.42		11.04.42
Reichshaupt-kasse/GA	02.02.42	11,741.30	36.693	02.04.42	S: 09.04.42		11.04.42
Schwed. Reichsbank Stockholm	05.02.42	**10.02.42** 12,487.00	36.698	02.04.42	S: 09.04.42		11.04.42
Schwed. Reichsbank Stockholm	05.02.42	12,488.00	36.699	02.04.42	S: 09.04.42		11.04.42
Schwed. Reichsbank Stockholm	05.02.42	12,486.00	36.700	02.04.42	S: 09.04.42		11.04.42
Schwed. Reichsbank Stockholm	05.02.42	12,495.00	36.701	02.04.42	S: 09.04.42		11.04.42
Schwed. Reichsbank Stockholm	05.02.42	12,494.50	36.710	02.04.42	S: 09.04.42		11.04.41

Provenienz	Tagebuch RB	Barrenbuch, Eingangs-datum und Gewicht in kg	Bank-Nr.	Barrenbuch, Ausgangs-buchung	Degussa	Degussa	CABV Wien
Niederl. Bk. Amsterdam	17.02.42	**18.02.42** 12,793.00	36.732				
Asservat «Der»	–	TA:(?) 12,460.40	1.301	TA: 23.06.42	P+S: 26.06.42	A: 06.07.42	06.07.42
Asservat «Der»	–	BB 15: **09.07.42** 12,195.40	21.756	TA: 06.10.42	S: 12.10.42	A: 15./23./29. 10.42	15./23./29.10. 42
Asservat «Der»	–	11,789.50	21.757	TA: 06.10.42	S: 12.10.42	A: 15./23./29. 10.42	15./23./29.10. 42
Asservat «Der»	–	12,195.90	21.758	TA: 06.10.42	S: 12.10.42	A: 15./23./29. 10.42	15./23./29.10. 42
Asservat «Der»	–	11,363.80	21.759	TA: 06.10.42	S: 12.10.42	A: 15./23./29. 10.42	15./23./29.10. 42
Asservat «Der»	–	12,372.30	21.760	TA: 06.10.42	S: 12.10.42	A: 15./23./29. 10.42	15./23./29.10. 42
Asservat «Der»	–	11,538.40	21.761	TA: 06.10.42	S: 12.10.42	A: 15./23./29. 10.42	15./23./29.10. 42
Asservat «Der»	–	12,425.80	21.762	TA: 06.10.42	S: 12.10.42	A: 15./23./29. 10.42	15./23./29.10. 42

Provenienz	Tagebuch RB	Barrenbuch, Eingangsdatum und Gewicht in kg	Bank–Nr.	Barrenbuch, Ausgangsbuchung	Degussa	Degussa	CABV Wien
Asservat «Der»	–	11,164.00	21.763	TA: 06.10.42	S: 12.10.42	A: 15./23./29. 10.42	15./23./29.10. 42
Asservat «Der»	–	11,508.80	21.764	TA: 06.10.42	S: 12.10.42	A: 15./23./29. 10.42	15./23./29.10. 42
Asservat «Der»	–	11,667.60	21.765	TA: 06.10.42	S: 12.10.42	A: 15./23./29. 10.42	15./23./29.10. 42
Asservat «Der»	–	12,594.10	21.766	TA: 06.10.42	S: 12.10.42	A: 15./23./29. 10.42	15./23./29.10. 42
Asservat «Der»	–	11,517.70	21.767	TA: 06.10.42	S: 12.10.42	A: 15./23./29. 10.42	15./23./29.10. 42
–	–	12,028.90	24.443	–	P: 26.01.43 S: 27.01.43		
–	–	12,087.00	24.444	–	P: 26.01.43 S: 27.01.43		
–	–	11,852.90	24.445	–	P: 26.01.43 S: 27.01.43		
–	–	12,091.50	24.452?	–	P: 26.01.43 S: 27.01.43		

Provenienz	Tagebuch RB	Barrenbuch, Eingangs-datum und Gewicht in kg	Bank-Nr.	Barrenbuch, Ausgangs-buchung	Degussa	Degussa	CABV Wien
–	–	12,361.10	24.451	–	P: 26.01.43 S: 27.01.43		
–	–	12,041.50	24.450	–	P: 26.01.43 S: 27.01.43		
–	–	12,355.20	24.453?	–	P: 26.01.43 S: 27.01.43		
–	–	11,547.80	24.454	–	P: 26.01.43 S: 27.01.43		
–	–	12,405.70	24.455	–	P: 26.01.43 S: 27.01.43		
–	–	11,157.10	24.446	–	P: 26.01.43 S: 27.01.43		
–	–	11,801.20	24.447	–	P: 26.01.43 S: 27.01.43		
–	–	11,728.20	24.448	–	P: 26.01.43 S: 27.01.43		
–	–	11,890.30	24.449	–	P: 26.01.43 S: 27.01.43		

Provenienz	Tagebuch RB	Barrenbuch, Eingangs–datum und Gewicht in kg	Bank–Nr.	Barrenbuch, Ausgangs–buchung	Degussa	Degussa	CABV Wien
Depot Schwed. Reichsbank/ Asservat «Der»	–	12,227.00	23.895	TA: 15.02.43	P: 17.02.43 S: 18.02.43	A: 24.02./03.03.43	24.02./03.03.43
Depot Schwed. Reichsbank/ Asservat «Der»	–	11,992.00	23.896	TA: 15.02.43	P: 17.02.43 S: 18.02.43	A: 24.02./03.03.43	24.02./03.03.43
Depot Schwed. Reichsbank/ Asservat «Der»	–	11,745.00	23.897	TA: 15.02.43	P: 17.02.43 S: 18.02.43	A: 24.02./03.03.43	24.02./03.03.43
Depot Schwed. Reichsbank/ Asservat «Der»	–	11,654.50	23.898	TA: 15.02.43	P: 17.02.43 S: 18.02.43	A: 24.02./03.03.43	24.02./03.03.43
Depot Schwed. Reichsbank/ Asservat «Der»	–	12,075.70	23.899	TA: 15.02.43	P: 17.02.43 S: 18.02.43	A: 24.02./03.03.43	24.02./03.03.43

Provenienz	Tagebuch RB	Barrenbuch, Eingangs-datum und Gewicht in kg	Bank-Nr.	Barrenbuch, Ausgangs-buchung	Degussa	Degussa	CABV Wien
Depot Schwed. Reichsbank/ Asservat «Der»	–	11,628.40	23.900	TA: 15.02.43	P: 17.02.43 S: 18.02.43	A: 24.02./03.03.43	24.02./03.03.43
Depot Schwed. Reichsbank/ Asservat «Der»	–	12,198.60	23.901	TA: 15.02.43	P: 17.02.43 S: 18.02.43	A: 24.02./03.03.43	24.02./03.03.43
Depot Schwed. Reichsbank/ Asservat «Der»	–	11,609.00	23.902	TA: 15.02.43	P: 17.02.43 S: 18.02.43	A: 24.02./03.03.43	24.02./03.03.43
Asservat «Der»	–	11,807.60	11.924	TA: 19.04.43	P: 21.04.43 S: 21.04.43		
Asservat «Der»	–	12,432.80	11.925	TA: 19.04.43	P: 21.04.43 S: 21.04.43		
Asservat «Der»	–	11,999.20	11.926	TA: 19.04.43	P: 21.04.43 S: 21.04.43		
Asservat «Der»	–	11,926.30	11.927	TA: 19.04.43	P: 21.04.43 S: 21.04.43		

Provenienz	Tagebuch RB	Barrenbuch, Eingangs-datum und Gewicht in kg	Bank-Nr.	Barrenbuch, Ausgangs-buchung	Degussa	Degussa	CABV Wien
Asservat «Der»	–	12,000.60	11.928	TA: 19.04.43	P: 21.04.43 S: 21.04.43		
Asservat «Der»	–	12,074.40	11.929	TA: 19.04.43	P: 21.04.43 S: 21.04.43		
Asservat «Der»	–	11,981.30	11.930	TA: 19.04.43	P: 21.04.43 S: 21.04.43		
Asservat «Der»	–	12,756.80	11.931	TA: 19.04.43	P: 21.04.43 S: 21.04.43		
Asservat «Der»	–	11,988.70	11.932	TA: 19.04.43	P: 21.04.43 S: 21.04.43		
Asservat «Der»	–	11,983.60	11.933	TA: 19.04.43	P: 21.04.43 S: 21.04.43		
Asservat «Der»	–	12,360.30	11.934	TA: 19.04.43	P: 21.04.43 S: 21.04.43		
Asservat «Der»	–	12,021.20	11.935	TA: 19.04.43	P: 21.04.43 S: 21.04.43		
Asservat «Der»	–	11,813.60	11.936	TA: 19.04.43	P: 21.04.43 S: 21.04.43		

Provenienz	Tagebuch RB	Barrenbuch, Eingangs-datum und Gewicht in kg	Bank-Nr.	Barrenbuch, Ausgangs-buchung	Degussa	Degussa	CABV Wien
Asservat «Der»	–	12,142.20	11.937	TA: 19.04.43	P: 21.04.43 S: 21.04.43		
Asservat «Der»	–	11,670.70	11.938	TA: 19.04.43	P: 21.04.43 S: 21.04.43		
Asservat «Der»	–	12,196.80	11.939	TA: 19.04.43	P: 21.04.43 S: 21.04.43		
Asservat «Der»	–	11,699.90	11.940	TA: 19.04.43	P: 21.04.43 S: 21.04.43		
Asservat «Der»	–	11,589.90	11.941	TA: 19.04.43	P: 21.04.43 S: 21.04.43		
Asservat «Der»	–	11,862.60	11.958	TA: 18.05.43	S: 22.05.43		
Asservat «Der»	–	12,181.20	11.959	TA: 18.05.43	S: 22.05.43		
Asservat «Der»	–	11,655.00	11.960	TA: 18.05.43	S: 22.05.43		
Asservat «Der»	–	11,933.70	11.961	TA: 18.05.43	S: 22.05.43		
Asservat «Der»	–	11,778.20	11.962	TA: 18.05.43	S: 22.05.43		
Asservat «Der»	–	11,087.20	11.963	TA: 18.05.43	S: 22.05.43		
Asservat «Der»	–	11,498.30	11.964	TA: 18.05.43	S: 22.05.43		

Provenienz	Tagebuch RB	Barrenbuch, Eingangs-datum und Gewicht in kg	Bank-Nr.	Barrenbuch, Ausgangs-buchung	Degussa	Degussa	CABV Wien
Asservat «Der»	–	13,181.20	11.965	TA: 18.05.43	S: 22.05.43		
Asservat «Der»	–	12,239.40	11.966	TA: 18.05.43	S: 22.05.43		

A: Ausgangsbuch; P: Probenkontrollbuch: S: Scheidbuch; TA: Tresorarbeitsbuch

Tabelle 2
Summe der Goldtransaktionen der Deutschen Bank während des Zweiten Weltkrieges
(alle Angaben beziehen sich auf das Feingewicht der jeweiligen Goldposten)

1. *Gesamte Goldabgabe der Reichsbank an die Deutsche Bank*	ca. **4.446** kgf
davon Barren	ca. 2.456 kgf
davon «Verschiedene Barren»	ca. 1.727 kgf
davon «Melmer-Gold»	ca. 744 kgf
davon «Hochwertige Barren»	ca. 729 kgf
davon Münzen:	ca. 1.990 kgf
2. *Bei der Degussa für die Deutsche Bank Berlin geschieden/ geschmolzen*	
Barren	ca. **2.323** kgf
3. *Gesamteingang auf dem Depot «Deutsche Bank» bei der Creditanstalt-Bankverein (CABV), Wien (einschließlich Doppelbuchungen)*	ca. **5.447** kgf
davon Barren	ca. 2.353 kgf
davon Münzen	ca. 3.094 kgf
3.1. *Goldlieferung von der Degussa auf das Depot «Deutsche Bank» bei der CABV Wien*	
Barren	ca. **2.250** kg
3.2. *Goldlieferung von der Deutschen Bank Berlin auf das Depot «Deutsche Bank» bei der CABV Wien*	ca. **2.296** kgf
davon Barren	ca. 103 kgf
davon Münzen	ca. 2.193 kgf

3.3. Goldlieferung aus Zürich auf das Depot «Deutsche Bank» bei der CABV Wien	ca. **1.142** kgf
davon Barren (Depot Filiale Istanbul)	ca. 200 kgf
davon Münzen insgesamt[159]	ca. 942 kgf
davon Münzen vom Depot der Filiale Istanbul	ca. 26 kgf
davon Münzen Goldankauf in der Schweiz	ca. 901 kgf

3.4. Goldlieferung aus Sofia auf das Depot «Deutsche Bank» bei der CABV Wien (Rücklauf mehrerer für die Deutsche Bank Filiale Istanbul bestimmter Lieferungen)	
Münzen	ca. **172** kgf

4. Gesamtausgang vom Depot «Deutsche Bank» bei der CABV Wien (einschließlich Doppelbuchungen)	ca. **5.583** kgf
davon Barren	ca. 2.553 kgf
davon Münzen	ca. 3.030 kgf

4.1. Goldlieferung vom Depot «Deutsche Bank» bei der CABV Wien zur Deutschen Bank Filiale Istanbul	ca. **4.967** kgf
davon Barren	ca. 2.153 kgf
davon Münzen	ca. 2.814 kgf

4.2. Goldlieferung vom Depot «Deutsche Bank» bei der CABV Wien nach Zürich	ca. **534** kgf
davon Barren	ca. 399 kgf
davon Münzen[160]	ca. 135 kgf

4.3. Sonstige Goldlieferung vom Depot «Deutsche Bank» bei der CABV Wien[161]	
Münzen	ca. 165 kgf

159 abzüglich 15 kgf, die wegen Einfuhrverweigerung nach Wien retourniert und von dort nach Istanbul weitergeleitet wurden.

160 darin enthalten die o. g. 15 kgf.

161 Empfänger dieser Lieferungen waren Deutsche Bank Berlin, Sortenkasse, Wehrmachtsverbindungsstelle Belgrad, Deutsche Gesandtschaft Sofia, Attamann/Istanbul.

5. *Gewinne der Deutschen Bank aus dem Goldhandel*

für 1941	373.686,65 RM
für 1942	27.163,44 RM
für 1943	537.304,07 RM
insgesamt:	**938.154,16** RM

(auch 1944 fand in Istanbul Goldhandel statt, die Gewinne gehen jedoch aus der Bilanz nicht hervor)

Tabelle 3: Ein- und Ausgangsliste des Depots für die Deutsche Bank bei der Creditanstalt-Bankverein in Wien 1941–1944

Eingänge auf dem Depot der Deutschen Bank

Lfde. Nr. + Eingangsdatum	Absender	Sovereigns [162]	Napoleons [163]	Kings [164]	kg Goldmünzen	Barrengold in kg rauh	Barrengold in kg fein	Helvetias [165]	Frz. Francs [166]	Holl. Gulden [167]	Brillanten
(1) 15.10.41	SKA Zürich	2.000 St.									

162 Sovereigns hatten ein Rauhgewicht je 1.000 Stück von 7,988 kg und ein Feingewicht von 7,3223 kg. Eine Münze entsprach dem Wert eines englischen Pfunds.

163 Napoleons hatten ein Rauhgewicht je 1.000 Stück von 6,4516 kg und ein Feingewicht von 5,8064 kg. Eine Münze entsprach einem Wert von 20 Francs.

164 Kings hatten ein Rauhgewicht je 1.000 Stück von 7,988 kg und ein Feingewicht von 7,3223 kg.

165 Helvetias hatten ein Rauhgewicht je 1.000 Stück von 7,4499 kg und ein Feingewicht von 6,7048 kg. Eine Münze entsprach einem Wert von 20 Schweizer Franken.

166 Lateiner bzw. Franz. Goldfrancs hatten ein Rauhgewicht je 1.000 Stück von 6,4516 kg und ein Feingewicht von 5,8064 kg. Eine Münze entsprach einem Wert von 20 Francs.

167 Holländische Goldgulden hatten ein Rauhgewicht je 1.000 Stück von 6,7201 kg und ein Feingewicht von 6,0482 kg. Eine Münze entsprach einem Wert von 10 Gulden.

Lfde. Nr. + Eingangs-datum	Ab-sender	Sover-eigns	Napo-leons	Kings	kg Gold-münzen	Barren-gold in kg rauh	Barren-gold in kg fein	Helvetias	Frz. Francs	Holl. Gulden	Bril-lanten
(2) 29.11.41	Kredit-bank So-fia für DB Istanbul	2.000 St.									
(4) 17.12.41	Zürich				4.000 St. (36,92 kg)						
(5) 24.12.41	Zürich	3.750 St.	4.000 St.								
(6) 02.01.42	Zürich	2.000 St.	5.000 St.								
(7) 09.01.42	Zürich		7.500 St.	3.000 St.							
(8) 17.01.42	Zürich		7.500 St.								
(10) 11.03.42	Zürich		2.005 St.	3.000 St.							
(11) 14.03.42	Deutsche Bank, Berlin, Sorten-kasse					76,060.00	71,698.10				
(12) 17.03.42	Zürich				73,315.00						
(13) 11.04.42	Zürich			2.300 St.				130.000,–			
(14) 11.04.42	Degussa					98,540.00	89,898.60				

Lfde. Nr. + Eingangs-datum	Ab-sender	Sover-eigns	Napo-leons	Kings	kg Gold-münzen	Barren-gold in kg rauh	Barren-gold in kg fein	Helvetias	Frz. Francs	Holl. Gulden	Bril-lanten
(15) 22.05.42	Zürich							140.000,– Zürich 21.05.42			
(16) 26.05.42	Degussa					30,452.00	30,000.00	180.000,– Frachtbrief n/Sofia = RM 145.000,–			
(16) 01.06.42	Degussa					51,090.00	50,000.00				
(17) 08.06.42	Degussa					71,960.00	70,885.80				
(17) 20.06.42	Degussa					76,080.00	75,000.00				
(18) 06.07.42	Degussa					91,410.00	90,000.00				
(19) 08.08.42	Zürich							162.340,– ca. 60,470 kg			
(21) 24.08.42	Degussa					50,760.00	50,000.00				
(20) 31.08.42	Degussa					50,730.00	50,000.00				
(22) 22.08.42	Zürich	3.000 St.	6.302 St.								
(23) 10.09.42	Degussa					51,745.00	51,000.00				
(24) 25.09.42	Degussa					50,690.00	50,000.00				
(26) 01.10.42	Degussa					50,685.00	50,000.00				
(25) 08.10.42	Degussa					41,555.00	41,000.00				

Lfde. Nr. + Eingangs-datum	Ab-sender	Sover-eigns	Napo-leons	Kings	kg Gold-münzen	Barren-gold in kg rauh	Barren-gold in kg fein	Helvetias	Frz. Francs	Holl. Gulden	Bril-lanten
(–) 15.10.42	Degussa					40,430.00					
(27) 23.10.42	Degussa					55,630.00					
(29) 29.10.42	Degussa					55,570.00	zus. 149,874.00				
(30) 23.10.42	Zürich		3.000 St.		32,400.00						
(31) 22.12.42	Degussa					55,675.00	54,766.80				
(32) 13.01.43	Zürich				ca. 46,000.00						
(33) 11.01.43	Degussa					50,670.00	50,000.00				
(32) 18.01.43	Degussa					50,615.00	50,000.00				
(39) 25.01.43	Degussa					35,450.00	35,000.00				
(33) 29.01.43	Deutsche Bank, Berlin, Sorten-kasse		4.300 St.							41.000,–	
(35) 03.02.43	Degussa					54,035.00	50,000.00				

Lfde. Nr. + Eingangs-datum	Ab-sender	Sover-eigns	Napo-leons	Kings	kg Gold-münzen	Barren-gold in kg rauh	Barren-gold in kg fein	Helvetias	Frz. Francs	Holl. Gulden	Bril-lanten
(34) 10.02.43	Deutsche Bank, Berlin, Sorten-kasse		9.000 St.							90.000,–	
(35) 10.02.43	Degussa					54,470.00	50,000.00				
(37) 16.02.43	Degussa					59,475.00	56,000.00				
(36) 17.02.43	Berlin		7.870 St.							70.000,–	
(38) 24.02.43	Degussa					53,275.00	50,000.00				
(39) 03.03.43	Degussa					14,840.00	14,000.00				
(47) 03.03.43	Degussa					32,955.00	31,000.00				
(40) 09.03.34	DB Berlin Sorten-kasse								160.000,–	79.720,–	
(41) 23.03.43	DB Berlin Sorten-kasse								260.000,–	85.710,–	
(42) 24.03.43	DB Berlin Sorten-kasse								240.000,–	150.000,–	

Lfde. Nr. + Eingangs-datum	Ab-sender	Sover-eigns	Napo-leons	Kings	kg Gold-münzen	Barren-gold in kg rauh	Barren-gold in kg fein	Helvetias	Frz. Francs	Holl. Gulden	Bril-lanten
(46) 16.04.43	Zürich			800 St.							
(46) 28.04.43	Degussa					56,000.00	50,000.00				
(45) 05.05.43	Degussa					59,250.00	56,000.00				
(50) 13.05.43	Degussa					74,350.00	70,000.00				
(49) 19.05.43	Degussa					74,260.00	70,000.00				
(52) 26.05.43	Degussa					74,140.00	70,000.00				
(48) 02.06.43	Degussa					74,210.00	70,000.00				
(47) 09.06.43	Degussa					74,690.00	70,000.00				
(55) 16.06.43	Degussa					59,650.00	56,000.00				
(56) 23.06.43	Degussa					40,850.00	38,000.00				
(56) 09.07.43	DB Berlin Sorten-kasse									125.000,–	
(55) 12.07.43	DB Berlin Sorten-kasse									37.000,–	
(56) 30.07.43	DB Berlin Sorten-kasse									19.360,–	

Lfde. Nr. + Eingangs-datum	Ab-sender	Sover-eigns	Napo-leons	Kings	kg Gold-münzen	Barren-gold in kg rauh	Barren-gold in kg fein	Helvetias	Frz. Francs	Holl. Gulden	Bril-lanten
(57) 06.08.43	Degussa					41,405.00	39,000.00				
(57) 19.08.43	DB Berlin Sorten-kasse								130.000,–		
(58) 28.08.43	Degussa					59,730.00	56,000.00				
(58) 30.08.43	DB Berlin Sorten-kasse								50.000,–	25.000,–	
(65) 04.09.43	Degussa					59,400.00	56,000.00				
(63) 04.09.43	Reichs-kredit-gesell-schaft Berlin										97 St.
(60) 06.09.43	DB Berlin Sorten-kasse								165.000,–	80.000,–	
(60) 10.09.43	Degussa					24,720.00	23,000.00				
(74) 21.09.43	Degussa					19,700.00	18,000.00				

Lfde. Nr. + Eingangs-datum	Ab-sender	Sover-eigns	Napo-leons	Kings	kg Gold-münzen	Barren-gold in kg rauh	Barren-gold in kg fein	Helvetias	Frz. Francs	Holl. Gulden	Bril-lanten
(61) 30.09.43	DB Berlin Sorten-kasse								180.000,–	80.000,–	
(62) 30.09.43	DB Berlin Sorten-kasse									50.000,–	
(64) 20.10.43	DB Berlin Sorten-kasse									165.000,–	
(65) 27.10.43	Degussa					34,530.00	32,000.00				
(55) 03.11.43	Rückruf Zürich								27.000,–	13.000,–	
(64) 05.11.43	DB Berlin Sorten-kasse									85.000,–	
(65) 08.11.43	Degussa					36,630.00	34,000.00				
(74) 09.11.43	Degussa					35,725.00	33,000.00				
(74) 13.11.43	Degussa					37,755.00	35,000.00				
(74) 19.11.43	Degussa					37,630.00	35,000.00				

Lfde. Nr. + Eingangs-datum	Ab-sender	Sover-eigns	Napo-leons	Kings	kg Gold-münzen	Barren-gold in kg rauh	Barren-gold in kg fein	Helvetias	Frz. Francs	Holl. Gulden	Bril-lanten
(69) 22.11.43	DB Berlin Sorten-kasse								140.000,–	60.000,–	
(69) 22.11.43	DB Berlin Sorten-kasse								100.000,–		
(77) 18.01.44	Degussa					31,000.00	31,000.00				
(77) 03.02.44	Degussa					20,000.00	20,000.00				
(71) 07.02.44	DB Berlin Sorten-kasse									35.000,–	
(72) 15.02.44	Zürich								71.560,–	48.040,–	
(73) 08.03.44	DB Berlin Sorten-kasse								427.400,–		
(76) 01.04.44	Zürich					100,000.00	100,000.00				
(76) 01.04.44	DB Berlin Sorten-kasse								548.000,–		

Lfde. Nr. + Eingangs-datum	Ab-sender	Sover-eigns	Napo-leons	Kings	kg Gold-münzen	Barren-gold in kg rauh	Barren-gold in kg fein	Helvetias	Frz. Francs	Holl. Gulden	Bril-lanten
(78) 20.04.44	Zürich					100,000.00	100,000.00				
(79) 19.05.44	DB Berlin Sorten-kasse									250.000,–	
(81) 23.06.44	Zürich								5.000,–		
(81) 26.06.44	DB Berlin Sorten-kasse									146.690,–	
(82) 08.07.44	Zürich								280.000,–		
(85) 08.07.44	Zürich								244.500,–		
(86) 09.07.44	Zürich								75.500,–		
(84) 10.07.44	DB Berlin Sorten-kasse									200.000,–	
(83) 13.07.44	DB Berlin Sorten-kasse									200.000,–	
(87) 28.07.44	DB Berlin Sorten-kasse									200.000,–	

Lfde. Nr. + Eingangs-datum	Ab-sender	Sover-eigns	Napo-leons	Kings	kg Gold-münzen	Barren-gold in kg rauh	Barren-gold in kg fein	Helvetias	Frz. Francs	Holl. Gulden	Bril-lanten
(88) 02.08.44	Zürich								260.000,–		
(87) 21.08.44	Retour von Sofia									200.000,–	

Ausgänge vom Depot der Deutschen Bank

Lfde. Nr. + Ausgangs-datum	Adresse	Sover-eigns	Napo-leons	Kings	kg Gold-münzen	Barrengold in kg rauh	Barrengold in kg fein	Helvetias	Frz. Francs	Holl. Gulden	Bril-lanten
(1) 24.11.41	via Sofia an Istan-bul	2.000 St.									
(3) 16.12.41	Wehr-machts-verbin-dungs-stelle Belgrad, Herr von Lasser	2.000 St.									
(4) 22.12.41	Sofia				36,92						

Lfde. Nr. + Ausgangs-datum	Adresse	Sover-eigns	Napo-leons	Kings	kg Gold-münzen	Barrengold in kg rauh	Barrengold in kg fein	Helvetias	Frz. Francs	Holl. Gulden	Bril-lanten
(5) 29.12.41	Sofia	3.750 St.	4.000 St.								
(6) 05.01.42	Sofia	2.000 St.	5.000 St.								
(7) 09.01.42	Sofia		7.500 St.								
(8) 24.02.42	Sofia		7.500 St.								
(9) 24.02.42	Sofia			3.000 St.							
(10) 16.03.42	Sofia		2.005 St.	3.000 St.							
(11) 19.03.43	Sofia					76,000.00	71,648.10				
(12) 21.03.43	Sofia				73.215.00						
(13) 16.04.43	Sofia			2.300 St.				130.000,–			
(14) 23.04.42	Sofia					98,540.00	89,898.60				
(16) 04.06.42	Sofia					81,542.00	80,000.00				
(16) 11.06.42	Sofia					71,960.00	70,885.80				
(17) 25.06.42	Sofia					76,080.00	75,000.00				
(18) 23.07.42	Sofia					91,410.00	90,000.00				
(20) 03.09.42	Sofia					50,730.00	50,000.00				
(21) 03.09.42	Sofia					50,760.00	50,000.00				

Lfde. Nr. + Ausgangs-datum	Adresse	Sover-eigns	Napo-leons	Kings	kg Gold-münzen	Barrengold in kg rauh	Barrengold in kg fein	Helvetias	Frz. Francs	Holl. Gulden	Bril-lanten
(22) 16.09.42	an Zürich zurück	3.000 St.	6.302 St.								
(23) 14.10.42	Sofia					51,745.00	51,000.00				
(24) 14.10.42	Sofia					50,690.00	50,000.00				
(25) 14.10.42	Sofia					41,555.00	41,000.00				
(26) 14.10.42	Sofia					50,685.00	50,000.00				
(27–29) 05.12.42	Zürich					152,968.00	149,874.00				
(30) 09.12.42	Sofia				32,4						
(30) 16.12.42	Atta-mann, Istanbul	1.000 St.									
(31) 13.01.43	Sofia	2.000 St.				55,675.00	54,766.80				
(32) 20.01.43	Sofia				45.128.00	50,615.00	50,000.00				
(33) 03.02.43	Sofia		4.300 St.			50,670.00	50,000.00				
(35) 22.02.43	Sofia		9.000 St.			108,505.00	100,000.00				
(36) 24.02.43			7.870 St.							70.000,–	
(37) 24.02.43	Sofia					29,730.00					

Lfde. Nr. + Ausgangsdatum	Adresse	Sovereigns	Napoleons	Kings	kg Goldmünzen	Barrengold in kg rauh	Barrengold in kg fein	Helvetias	Frz. Francs	Holl. Gulden	Brillanten
(37) 26.02.43	Sofia					29,745.00	zus. 56,000.00				
(38) 26.02.43	Sofia					53,275.00	50,000.00				
(39) 22.03.43	Zürich					14,840.00	14,000.00				
(39) 22.03.43	Zürich					35,450.00	35,000.00				
(40) 25.03.43										79.720,–	
(41) 08.04.43									120.000,–	67.500,–	
(42) 28.04.43									199.100,–	70.000,–	
(43) 05.05.43	Dt. Gesandtschaft, Sofia, ex 40								80.000,–		
(44) 05.05.43	Zürich, ex 40, 42								80.000,–	50.000,–	
(45) 11.05.43	Zürich					53,297.00	50,000.00				
(46) 13.05.43	Sofia, ex 41, 42			800 St.		56,000.00	50,000.00		20.900,–	10.000,–	

Lfde. Nr. + Ausgangs-datum	Adresse	Sover-eigns	Napo-leons	Kings	kg Gold-münzen	Barrengold in kg rauh	Barrengold in kg fein	Helvetias	Frz. Francs	Holl. Gulden	Bril-lanten
(47) 17.06.43	Sofia					32,955.00	31,000.00				
(47) 17.06.43	Sofia					47,360.00	44,000.00				
(48) 22.06.43	Zürich					70,303.00	66,000.00				
(48) 22.06.43	Zürich, ex 52					89,030.00	84,000.00				
(50) 24.06.43	Sofia					53,399.00	50,000.00				
(51) 30.06.43	Sofia, ex 45, 50					32,550.00	30,000.00				
(52) 08.07.43	Sofia, ex 41, 42, 47, 49, 52, 56					80,960.00	77,000.00			38.210.–	
(53) 22.07.43	Sofia, ex 41, 42, 55, 56								80.000,–	50.000,–	
(54) 26.07.43	Zürich, ex 56									6.000,–	
(55) 29.07.43	Sofia, ex 41, 42, 47, 52, 56					74,510.00			80.000,–	56.000,–	

Lfde. Nr. + Ausgangs-datum	Adresse	Sover-eigns	Napo-leons	Kings	kg Gold-münzen	Barrengold in kg rauh	Barrengold in kg fein	Helvetias	Frz. Francs	Holl. Gulden	Bril-lanten
(56) 09.08.43	Sofia, ex 55, 56					63,460.00				69.360,–	
(57) 26.08.43	Sofia					41,405.00	39,000.00		130.000,–		
(58) 08.09.43	Sofia					59,730.00	56,000.00		50.000,–	25.000,–	
(59) 14.09.43	Zürich, ex 60								27.000,–	13.000,–	
(59) 19.11.43	Sofia								27.000,–	13.000,–	
(60) 23.09.43	Sofia					24,720.00	23,000.00		138.000,–	67.000,–	
(61) 14.10.43	Sofia								180.000,–	80.000,–	
(62) 04.11.43	Sofia, ex 64									75.000,–	
(63) 06.11.43	Sofia										97 St.
(64) 18.11.43	Sofia, ex 65					32,645.00	30,000.00		100.000,–		
(65) 22.11.43	Sofia					53,415.00	50,000.00		100.000,–		
(66) 16.12.43	Sofia, ex 65, 74					79,965.00	75,000.00				
(67) 16.12.43	Sofia, ex 68								60.000,–		

Lfde. Nr. + Ausgangs-datum	Adresse	Sover-eigns	Napo-leons	Kings	kg Gold-münzen	Barrengold in kg rauh	Barrengold in kg fein	Helvetias	Frz. Francs	Holl. Gulden	Bril-lanten
(69) 19.01.44	Sofia								180.000,–	60.000,–	
(71) 10.02.44	Sofia									35.000,–	
(72) 24.02.44	Sofia, ex 74					26,650.00	25,000.00		71.560.–	48.040,–	
(73) 09.03.44	Sofia								400.000,–		
(74) 23.03.44	Sofia					54,790.00	50,000.00				
(75) 23.03.44	Sofia, ex 77					25,755.00	24,000.00				
(76) 06.04.44	Sofia					100,000.00	100,000.00		548.000,–		
(77) 20.04.44	Sofia					43,430.00	40,000.00				
(78) 28.04.44	Sofia					100,000	100,000.00				
(79) 25.05.44	Sofia									130.000,–	
(80) 01.06.44	Sofia, ex 79									120.000,–	
(81) 29.06.44	Sofia								5.000,–	146.690,–	
(82) 13.07.44	Sofia								280.000,–		
(83) 14.07.44	Sofia									200.000,–	
(84) 20.07.44	Sofia									200.000,–	

Lfde. Nr. + Ausgangs-datum	Adresse	Sover-eigns	Napo-leons	Kings	kg Gold-münzen	Barrengold in kg rauh	Barrengold in kg fein	Helvetias	Frz. Francs	Holl. Gulden	Bril-lanten
(85) 24.07.44	Sofia								244.500,–		
(86) 27.07.44	Sofia								75.500,–		
(87) 31.07.44	Sofia									200.000,–	
(88) 29.08.44	Sofia								260.000,–		
(87) 01.09.44	DB Berlin Sorten-kasse									200.000,–	

Tabelle 4
Goldkunden der Filiale Istanbul[168]

Dir. Dr. Theodor Barth, DB
Prof. Rudolf Belling
Deutsche Botschaft Ankara
Deutsche Botschaft, Tarabya
Hauptmann A. Haensel, Ankara
Thea Imberg, Ankara
Gesandter Albert Jenke, Ankara
Dr. Iwo Jorda, Beyöglu
Karl Kettembeil, Ankara
Präsident Freiherr von Lersner, Istanbul
François Csikide Magyajta, Istanbul
Admiral von der Marwitz, Istanbul
Attaché naval du Japon J. Mitinata, Istanbul
Eberhard Momm, Istanbul
Oberst Erich Morell, Tarabya
Hans Klaus Freiherr von Mühlen und/ oder Frau H. von Mühlen, Ankara
Gustav Müller, Prokurist der DB
Direktor Emil Oberle, Istanbul
Franz von Papen, Ankara
Hans Rohde, Therabia
Hermann Schmidt-Krutina, Galata
Paul Schmitz, Ayagpasa
J. Scotto, Istanbul
Konsul Dr. Wilhelm Stille, Istanbul
Dr. Fritz von Twardowski, Beyöglu
Mehmet Zeki Ülkütay, Galata
Dr. Carl August Zapp, Ankara,
Ingenieur Heinrich Zeckser, Istanbul

[168] HADB F40/14.

Die Goldbewegungen im einzelnen

Depot Galata[163]

Datum	Gold-barren	Datum	Gold-gulden	Datum	Lateiner	Datum	Napo-leons	Datum	Kings
01.01.44	3,5 kg	01.01.44	815 St.	01.01.44	110 St.	01.01.44	50 St.	01.01.44	2.776 St.
08.01.44	-0,5 kg	06.01.44	*18 St.	03.01.44	*571 St.	05.01.44	*185 St.	04.01.44	*42 St.
	3,0 kg		833 St.		681 St.		235 St.		2.818 St.
10.01.44	*7,5 kg	06.01.44	-509 St.	03.01.44	-571 St.	07.01.44	-50 St.	25.01.44	-240 St.
	10,5 kg		324 St.		110 St.		185 St.		2.578 St.
13.01.44	-7,5 kg	08.01.44	-198 St.	03.01.44	-50 St.	04.05.44	-50 St.	28.01.44	-500 St.
	3,0 kg		126 St.		60 St.		135 St.		2.078 St.
12.02.44	*0,5 kg	24.01.44	*179 St.	21.01.44	*6 St.	29.05.44	-50 St.	25.02.44	*47 St.
	3,5 kg		305 St.		66 St.		85 St.		2.125 St.

[163] Ebd.

Datum	Gold-barren	Datum	Gold-gulden	Datum	Lateiner	Datum	Napo-leons	Datum	Kings
23.02.44	-0,5 kg	24.01.44	-50 St.	15.02.44	*6 St.	31.07.44	-85 St.	17.03.44	-200 St.
	3,0 kg		255 St.		72 St.		0		1.925 St.
11.03.44	*2,0 kg	19.02.44	-50 St.	26.02.44	*80 St.			30.03.44	*28 St.
	5,0 kg		205 St.		152 St.				1.953 St.
24.03.44	*1,5 kg	19.02.44	-36 St.	07.03.44	-5 St.			28.01.44 (???)	-16 St.
	6,5 kg		169 St.		147 St.				1.937 St.
10.04.44	-1,0 kg	23.02.44	*300 St.	20.03.44	-20 St.			30.03.44	-200 St.
	5,5 kg		469 St.		127 St.				1.737 St.
20.04.44	*3,0 kg	20.03.44	*357 St.	20.03.44	-15 St.			17.04.44	-6 St.
	8,5 kg		826 St.		112 St.				1.731 St.
08.06.44	*0,5 kg	20.03.44	-230 St.	25.03.44	*6 St.			04.05.44	-50 St.
	9,0 kg		596 St.		118 St.				1.681 St.
23.06.44	*6,0 kg	23.03.44	-300 St.	30.03.44	*28 St.			16.05.44	-47 St.
	15,0 kg		296 St.		146 St.				1.634 St.
20.06.44 (???)	-2,0 kg	04.04.44	-50 St.	30.03.44	*60 St.			04.05.44 (???)	-500 St.

Datum	Gold-barren	Datum	Gold-gulden	Datum	Lateiner	Datum	Napo-leons	Datum	Kings
	13,0 kg		246 St.		206 St.				1.134 St.
23.06.44	-6,0 kg	17.04.44	-60 St.	31.03.44	*50 St.			02.05.44	*50 St.
	7,0 kg		186 St.		256 St.				1.184 St.
17.07.44	-0,5 kg	04.05.44	-26 St.	31.03.44	*42 St.			23.05.44	-15 St.
	6,5 kg		160 St.		298 St.				1.169 St.
04.08.44	*18,0 kg	02.06.44	-30 St.	31.03.44	*1 St.			22.06.44	-7 St.
	24,5 kg		130 St.		299 St.				1.162 St.
04.08.44	-21,0 kg	05.05.44 (???)	*91 St.	07.04.44	-60 St.			19.07.4	-200 St.
	3,5 kg		221 St.		239 St.				962 St.
04.08.44	-3,0 kg	09.06.44	*1.840 St.	17.04.44	*45 St.			21.07.44	-500 St.
	0,5 kg		2.061 St.		284 St.				462 St.
04.08.44	-0,5 kg	16.06.44	*50 St.	17.04.44	*25 St.			01.08.44	-8 St.
	0		2.111 St.		309 St.				454 St.
		26.06.44	*90 St.	17.04.44	*450 St.			02.08.44	-412 St.
			2.201 St.		759 St.				42 St.
		14.06.44	*500 St.	27.04.44	-25 St.			31.07.44	-42 St.
			2.701 St.		734 St.			17.08.44	*543 St.

Datum	Goldbarren	Datum	Goldgulden	Datum	Lateiner	Datum	Napoleons	Datum	Kings
		03.07.44	-50 St.	24.04.44	-45 St.			17.08.44	-543 St.
			2.651 St.		689 St.				0
		03.07.44	-50 St.	03.05.44	-50 St.				
			2.601 St.		639 St.				
		25.07.44	*472 St.	10.05.44	-450 St.				
			3.073 St.		189 St.				
		25.07.44	*185 St.	29.05.44	*100 St.				
			3.258 St.		289 St.				
		25.07.44	*107 St.	23.05.44	-24 St.				
			3.258 St.		265 St.				
		28.07.44	-400 St.	27.05.44	-40 St.				
			2.965 St.		225 St.				
		29.07.44	-153 St.	30.05.44	-18 St.				
			2.812 St.		207 St.				
		31.07.44	-1.930 St.	09.06.44	*486 St.				
			882 St.		693 St.				

Datum	Gold-barren	Datum	Gold-gulden	Datum	Lateiner	Datum	Napo-leons	Datum	Kings
		31.07.44	-107 St.	22.06.44	-5 St.				
			775 St.		688 St.				
		31.07.44	-275 St.	28.06.44	-70 St.				
			500 St.		618 St.				
		08.06.45	-500 St.	14.06.44 (???)	*300 St.				
			0		918 St.				
				30.06.44	*170 St.				
					1.088 St.				
				13.07.44	-65 St.				
					1.023 St.				
				04.07.44 (???)	-170 St.				
					853 St.				
				07.07.44	-100 St.				
					753 St.				
				19.07.44	*100 St.				
					853 St.				

Datum	Gold-barren	Datum	Gold-gulden	Datum	Lateiner	Datum	Napo-leons	Datum	Kings
				21.07.44	*700 St.				
					1.553 St.				
				21.07.44	*250 St.				
					1.803 St.				
				26.07.44	*3.587 St.				
					5.390 St.				
				26.07.44	-3.587 St.				
					1.803 St.				
				28.07.44	*50 St.				
					1.853 St.				
				29.07.44	-700 St.				
					1.153 St.				
				29.07.44	-250 St.				
					903 St.				
				29.07.44	-300 St.				
					603 St.				
				31.07.44	-15 St.				
					585 St.				

Datum	Gold-barren	Datum	Gold-gulden	Datum	Lateiner	Datum	Napo-leons	Datum	Kings
				31.07.44	*76 St.				
					664 St.				
				31.07.44	-60 St.				
					604 St.				
				31.07.44	-76 St.				
					528 St.				
				04.08.44	-39 St.				
					528 St.				
				04.08.44	-50 St.				
					478 St.				
				04.08.44	-100 St.				
					378 St.				
				04.08.42	-42 St.				
					336 St.				
				16.08.44	*49 St.				
					385 St.				
				16.08.44	-85 St.				
					300 St.				

Datum	Gold-barren	Datum	Gold-gulden	Datum	Lateiner	Datum	Napo-leons	Datum	Kings
				21.06.45	-300 St.				
					0				
	42,5 kg		5.004 St. (= 30,224 kgf)		7.348 St. (= 42,618 kgf)		235 St. (= 1,363 kgf)		3.486 St. (= 25,517 kgf)

Gesamter Konto-Bestand: 142,222 kgf.

Goldbestands-Konto II[168]

Datum	Napoleons	Datum	Helvetias	Datum	Barrengold (Zentrale Berlin)	Datum	Goldflorinen (Zentrale Berlin)
11.03.42	3.338 St.	20.08.42	3.462 St.	31.08.42	22 kg	02.04.43	2.086 St.
16.03.42	-3.338 St.	21.08.42	-3.462 St.	31.12.42	*183 kg	02.04.43	*10.197 St.
	0		0		205 kg		12.283 St.
				02.04.43	-70 kg	21.04.43	-10.197 St.
					135 kg		2.086 St.

168 HADB F40/15

Datum	Napoleons	Datum	Helvetias	Datum	Barrengold (Zentrale Berlin)	Datum	Goldflorinen (Zentrale Berlin)
				21.04.43	*70 kg	27.03.45	-2.086
					205 kg		0
				27.03.45	-205 kg		
					0		
	3.338 St. (= 19,360 kgf)		3.462 St. (= 23,195 kgf)		275 kg		12.283 St. (= 74,189 kgf)

Gesamter Konto-Bestand: 391,744 kgf
Zusammen mit Konto Galata: 533,966 kgf

Einzelne Kunden

Dir. Dr. Barth[169]

Datum	Lateiner
31.03.44	42 St.
31.03.44	-42 St.
	0
	42 St. (= 0,243 kgf)

Prof. Rudolf Belling[170]

Datum	Goldbarren
24.03.44	1,5 kg
10.04.44	-1,0 kg
	0,5 kg
31.07.44	-0,5 kg
	0
	1,5 kg

Deutsche Botschaft, Ankara[171]

Datum	Kings
01.08.44	412 St.
02.08.44	-412 St.
	0
	412 St. (= 3,007 kgf)

[169] HADB F40/14
[170] Ebd.
[171] Ebd.

Deutsche Botschaft, Tarabya[172]

Datum	Lateiner
26.07.44	3.587 St.
26.07.44	-3.587 St.
	0
	3.587 St. (= 20,080 kgf)

Hauptmann A. Haensel, Ankara[173]

Datum	Lateiner
30.03.44	60 St.
03.04.44	-60 St.
	0
	60 St. (= 0,348 kgf)

Frau Thea Imberg, Ankara[174]

Datum	Lateiner	Datum	Kings
30.03.44	28 St.	30.03.44	6 St.
31.03.44	*1 St.	30.03.44	*22 St.
	29 St.		28 St.
23.05.44	-24 St.	17.04.44	-6 St.
	5 St.		22 St.
22.06.44	-5 St.	23.05.44	-15 St.
	0		7 St.
		22.06.44	-7 St.
			0
	29 St. (= 0,168 kgf)		28 St. (= 0,204 kgf)

Gesamter Konto-Bestand: 0,374 kgf

172 Ebd.
173 Ebd.
174 Ebd.

Gesandter Albert Jenke, Ankara[175]

Datum	Goldgulden
01.01.44	180 St.
06.01.44	*18 St.
	198 St.
08.01.44	-198 St.
	0
24.01.44	*179 St.
	179 St.
24.01.44	-50 St.
	129 St.
19.02.44	-50 St.
	79 St.
20.03.44	*357 St.
	436 St.
20.03.44	-230 St.
	206 St.
03.04.44	-50 St.
	156 St.
17.04.44	-60 St.
	96 St.
04.05.44	-26 St.
	70 St.
05.05.44	*91 St.
	161 St.
02.06.44	-30 St.
	131 St.
03.07.44	-50 St.
	81 St.
25.07.44	*472 St.
	553 St.

175 Ebd.

Datum	Goldgulden
28.07.44	-400 St.
	153 St.
29.07.44	-81 St.
	72 St.
29.07.44	-72 St.
	0
	1.297 St. (= 7,833 kgf)

Dr. Iwo Jorda, Beyöglu[176]

Datum	Goldflorinen
23.02.44	300 St.
23.03.44	-300 St.
	0
	300 St. (= 1,812 kgf)

Karl Kettembeil, Ankara[177]

Datum	Lateiner
17.04.44	25 St.
17.04.44	-25 St.
	0
28.07.44	*50 St.
31.07.44	-50 St.
	0
	75 St. (= 0,435 kgf)

176 Ebd.
177 Ebd.

Präsident Freiherr von Lersner[178]

Datum	Goldbarren	Datum	Goldgulden
12.02.44	0,5 kg	26.06.44	90 St.
23.02.44	-0,5 kg	25.07.44	*185 St.
	0		275 St.
		31.07.44	-275 St.
			0
	0,5 kg		275 St. (= 1,661 kgf)

Gesamter Konto-Bestand: 2,161 kgf

Dr. François Csikide Magyajta, Istanbul[179]

Datum	Kings
17.08.44	543 St.
17.08.44	543 St.
	0
	543 St. (= 3,963 kgf)

Adm. v. der Marwitz, Istanbul[180]

Datum	Lateiner
30.06.44	170 St.
04.07.44	-170 St.
	0
	170 St. (= 0,986 kgf)

178 Ebd.
179 Ebd.
180 Ebd.

Attaché naval du Japon, J. Mitinata, Istanbul[181]

Datum	Goldbarren
13.04.44	33,0 kg
13.04.44	-33,0 kg
	0
	33,0 kg

Eberhard Momm, Istanbul[182]

Datum	Goldbarren
20.04.44	3,0 kg
01.08.44	-3,0 kg
	0
	3,0 kg

Oberst Erich Morell, Tarabya[183]

Datum	Lateiner
31.07.44	76 St.
31.07.44	-76 St.
	0
	76 St. (= 0,440 kgf)

Hans Klaus Freiherr v. Mühlen und/oder Frau H. von Mühlen[184]

Datum	Lateiner
21.01.44	6 St.
15.02.44	*6 St.
	12 St.

181 Ebd
182 Ebd.
183 Ebd
184 Ebd.

Datum	Lateiner
25.03.44	*6 St.
	18 St.
30.05.44	-18 St.
	0
	18 St. (= 0,104 kgf)

Prokurist Gustav Müller, im Hause[185]

Datum	Goldbarren	Datum	Lateiner
23.06.44	6,0 kg	21.07.44	250 St.
23.06.44	-6,0 kg	29.07.44	-250 St.
	0		0
	6,0 kg		250 St. (= 1,450 kgf)

Direktor Emil Oberle[186]

Datum	SKA Zürich, Depot Nr. 5785, Lateinische Münzunion
27.04.43	1.100 St.
19.10.43	-1.100 St.
	0
	1.100 St. (= 6,380 kgf)

185 Ebd.
186 HADB F40/15.

Franz von Papen[187]

Datum	Barren-gold	Datum	Napo-leons	Datum	Gold-florinen	Datum	Lateiner	Datum	Kings
31.08.42	13,0 kg	03.03.43	39 St.	13.04.43	1.890 St.	05.06.43	60 St.	11.10.43	1.815 St.
15.09.42	- 1,0 kg	12.04.43	-39 St.	15.10.43	-1.800 St.	17.04.44	*450 St.	15.10.43	1.800 St.
	12,0 kg		0		90 St.		510 St.		15 St.
17.11.42	-1,0 kg			09.06.44	*1.840 St.	10.05.44	-450 St.	18.11.43	-15 St.
	11,0 kg				1.930 St.		60 St.		
20.11.42	* 10,0 kg			31.07.44	-1.930 St.	31.07.44	-60 St.		
	21,0 kg				0		0		
23.12.42	- 1,0 kg			31.07.44	*1.930 St.	31.07.44	*60 St.		
	20,0 kg			05.08.44	-1.930 St.	05.08.44	*39 St.		
08.01.43	-1,0 kg				0		99 St.		
	19,0 kg					31.07.44	-60 St.		
23.02.43	-1,0 kg					05.08.44	-39 St.		
	18,0 kg						0		

[187] Ebd

Datum	Barren-gold	Datum	Napo-leons	Datum	Gold-florinen	Datum	Lateiner	Datum	Kings
27.02.43	* 6,0 kg								
	24,0 kg								
15.03.43	- 1,0 kg								
	23,0 kg								
12.04.43	-1,0 kg								
	22,0 kg								
17.05.43	- 1,0 kg								
	21,0 kg								
05.06.43	* 5,0 kg								
	26,0 kg								
12.07.43	- 2,0 kg								
	24,0 kg								
15.07.43	- 1,0 kg								
	23,0 kg								
15.10.43	- 20,0 kg								
	3,0 kg								

Datum	Barren-gold	Datum	Napo-leons	Datum	Gold-florinen	Datum	Lateiner	Datum	Kings
11.01.44	7,5 kg								
	10,5 kg								
13.01.44	- 7,5 kg								
	3,0 kg								
31.07.44	3,0 kg								
04.08.44	* 18,0 kg								
	21,0 kg								
05.08.44	- 21,0 kg								
	0								
gesamt:	53,5 kg		39 St. (= 0,226 kgf)		5.660 St. (= 34,18 kgf)		510 St.? 609 St.? (= 2,958 bzw. 3,538 kgf)		1.815 St. (= 13,285 kgf)

(Das bedeutet eine Gesamtgoldmenge von 104,149 bzw. 104,729 kgf Gold und einen Anteil an der Gesamtmenge von 4.967 kgf von 2,09 bzw. 2,1%.)

Hans Rohde, Therabia[188]

Datum	Goldgulden	Datum	Kings
25.07.44	107 St.	04.01.44	42 St.
31.07.44	-107 St.	31.07.44	-42 St.
	0		0
	107 St. (= 0,646 kgf)		42 St. (= 0,306 kgf)

Gesamter Konto-Bestand: 0,952 kgf

Hermann Schmidt-Krutina, Galata[189]

Datum	Goldflorinen	Datum	Lateiner
01.01.44	509 St.	03.01.44	571 St.
04.01.44	-509 St.	03.01.44	-571 St.
	0		0
	509 St. (= 3,074 kgf)		571 St. (= 3,311 kgf)

Gesamter Konto-Bestand: 6,385 kgf

Paul Schmitz, Ayagpasa[190]

Datum	Goldflorinen	Datum	Lateiner	Datum	Napoleons
16.04.44	50 St.	01.01.44	50 St.	01.01.44	50 St.
16.04.44	-50 St.	07.01.44	-50 St.	07.01.44	-50 St.
	0		0		0
		31.03.44	*50 St.		
			50 St.		
		03.05.44	-50 St.		
			0		
		29.05.44	*100 St.		
			100 St.		

188 Ebd.
189 HADB F40/14.
190 Ebd.

Datum	Gold-florinen	Datum	Lateiner	Datum	Napo-leons
		07.07.44	-100 St.		
			0		
		19.07.44	*100 St.		
		31.07.44	-100 St.		
			0		
	50 St. (= 0,302 kgf)		300 St. (= 1,740 kgf)		50 St. (= 0,290 kgf)

Gesamter Konto-Bestand: 2,332 kgf

J. Scotto, Istanbul[191]

Datum	Goldbarren
11.03.44	2,0 kg
20.06.44	-2,0 kg
	0
	2,0 kg

Konsul Dr. Wilhelm Stille, Istanbul[192]

Datum	Gold-barren	Datum	Lateiner	Datum	Napo-leons
02.06.44	0,5 kg	09.06.44	486 St.	05.01.44	185 St.
17 07.44	-0,5 kg	28.06.44	-70 St.	04.05.44	-50 St.
	0		416 St.		135 St.
		13.07.44	-65 St.	29.05.44	-50 St.
			351 St.		85 St.
		28.07.44	-300 St.	31.07.44	-85 St.
			51 St.		0
		31.07.44	-15 St.		
			36 St.		

191 Ebd.
192 Ebd.

Datum	Gold-barren	Datum	Lateiner	Datum	Napo-leons
		16.08.44	*49 St.		
			85 St.		
		16.08.44	-85 St.		
			0		
	0,5 kg		535 St. (= 3,103 kgf)		185 St. (= 1,073 kgf)

Gesamter Konto-Bestand: 4,676 kgf

Dr. Fritz von Twardowski, Beyöglu[192]

Datum	Kings Privat	Datum	Kings Separat
01.01.44	82 St.	01.01.44	2692 St.
02.08.44	-82 St.	25.01.44	-240 St.
	0		2.452 St.
		28.01.44	-16 St.
			2.436 St.
		28.01.44	-500 St.
			1.936 St.
		17.03.44	-200 St.
			1.736 St.
		30.03.44	-200 St.
			1.536 St.
		04.05.44	-50
			1.486 St.
		04.05.44	-500 St.
			986 St.
		09.05.44	*50 St.
			1.036 St.
		19.07.44	-200 St.
			836 St.

192 Ebd.

Datum	Kings Privat	Datum	Kings Separat
		21.07.44	-500 St.
			336 St.
		01.08.44	-8 St.
			328 St.
		02.08.44	-328 St.
			0
	82 St. (= 0,598 kgf)		2.742 St. (= 20,016 kgf)

Gesamter Konto-Bestand: 20,614 kgf

Mehmet Zeki Ülkütay[194]

Datum	Goldbarren	Datum	Napoleons[195]	Datum	Goldgulden
07.09.43	1 kg	14.06.44	300 St.	14.06.44	500 St.
09.09.43	-1 kg	22.06.45	-300 St.	08.06.45	-500 St.
	0		0		0
	1 kg		300 St. (= 1,740 kgf)		500 St. (= 3,020 kgf)

Gesamter Konto-Bestand: 5,760 kgf

Dr. Carl August Zapp, Ankara[196]

Datum	Goldbarren	Datum	Goldgulden	Datum	Lateiner
01.01.44	0,5 kg	01.01.44	36 St.	26.02.44	80 St.
08.01.44	-0,5 kg	19.02.44	-36 St.	03.03.44	-5 St.
24.01.44	0		0		75 St.
				20.03.44	-20 St.
					55 St.

194 HADB F40/15
195 In HADB F40/14 als «Lateiner» aufgeführt bzw. unter «Lateiner» verbucht.
196 HADB F40/14

Datum	Gold-barren	Datum	Gold-gulden	Datum	Lateiner
				07.03.44 (???)	-15 St.
					40 St.
				17.04.44	*45 St.
					85 St.
				24.04.44	-45 St.
					40 St.
				27.05.44	-40 St.
					0
	0,5 kg		36 St. = 0,217 kgf)		125 St. (= 0,725 kgf)

Gesamter Konto-Bestand: 1,442 kgf

Ingenieur Heinrich Zeckser, Istanbul[197]

Datum	Kings
25.02.44	47 St.
16.05.44	-47 St.
	0
	47 St. = 0,343 kgf)

[197] Ebd.

Literaturverzeichnis

Allardt, Helmut, Politik vor und hinter den Kulissen. Erfahrungen eines Diplomaten zwischen West und Ost, Düsseldorf 1979

Balzli, Beat, Treuhänder des Reichs. Die Schweiz und die Vermögen der Naziopfer. Eine Spurensuche, Zürich 1997

Barkai, Avraham, Das Wirtschaftssystem des Nationalsozialismus. Ideologie, Theorie, Politik 1933–1945, Frankfurt am Main 1998

Bauman, Zygmunt, Modernity and the Holocaust, Cambridge 1989

Boelcke, Willi A., Deutschland als Welthandelsmacht 1930–1945, Stuttgart 1994

ders., Die «europäische Wirtschaftspolitik» des Nationalsozialismus, in: Historische Mitteilungen, 5, 1992, S. 194–232

ders., Die Kosten von Hitlers Krieg, Paderborn 1985

Boveri, Margaret, Der Verrat im XX. Jahrhundert, Hamburg 1956

Bower, Tom, Das Gold der Juden. Die Schweiz und die verschwundenen Nazi-Milliarden, o. O. 1997

Browning, Christopher, Ganz normale Männer. Das Reserve-Polizeibataillon 101 und die «Endlösung» in Polen, Reinbek 1993

Deringil, Selim, Turkish Foreign Policy during the Second World War, Cambridge 1989

Einzig, Paul, The Future of Gold, London 1934

Enzyklopädie des Holocaust. Die Verfolgung und Ermordung der europäischen Juden, Hauptherausgeber Israel Gutman, Herausgeber der deutschen Ausgabe Eberhard Jäckel, Peter Longerich, Julius H. Schoeps, München und Zürich 1995

Feldman, Gerald D., Die Deutsche Bank vom Ersten Weltkrieg bis zur Weltwirtschaftskrise 1914–1933, in: Die Deutsche Bank 1870–1995, München 1995, S. 137–314

ders., Politische Kultur und Wirtschaft in der Weimarer Zeit, in: Zeitschrift für Unternehmensgeschichte, 43, 1998, S. 3–18

Finkelstein, Norman G./Birn, Ruth Bettina, A Nation on Trial. The Goldhagen Thesis and Historical Truth, New York 1998

Fior, Michel, Die Schweiz und das Gold der Reichsbank. Was wußte die Schweizerische Nationalbank?, Zürich 1997

Fischler, Hersch, Das Totengold der europäischen Juden und die deutschen Großbanken, in: 1999. Zeitschrift für Sozialgeschichte des 20. und 21. Jahrhunderts, 13, 1998, S. 146–173

Foreign & Commonwealth Office, Nazi Gold. The London Conference 2–4 December 1997, Norwich 1998

Gall, Lothar, A man for all seasons? Herman Josef Abs im Dritten Reich, in: Zeitschrift für Unternehmensgeschichte, 43, 1998, S. 123–175

Gall, Lothar/Feldman, Gerald D./James, Harold/Holtfrerich, Carl-Ludwig/Büschgen, Hans E., Die Deutsche Bank 1870–1995, München 1995

Gall, Lothar, Die Deutsche Bank von ihrer Gründung bis zum Ersten Weltkrieg 1870–1914, in: Die Deutsche Bank 1870–1995, München 1995, S. 1–135
Goldhagen, Daniel Jonah, Hitlers willige Vollstrecker. Ganz gewöhnliche Deutsche und der Holocaust, Berlin [10]1996
Herbert, Ulrich (Hrsg.), Nationalsozialistische Vernichtungspolitik 1939–1945. Neue Forschungen und Kontroversen, Frankfurt am Main 1998
Hilberg, Raul, Die Aktion Reinhard, in: Eberhard Jäckel, Der Mord an den Juden im Zweiten Weltkrieg, Stuttgart 1985, S. 125–136
ders., Die Vernichtung der europäischen Juden, Frankfurt 1990
Holtfrerich, Carl-Ludwig, Die Deutsche Bank vom Zweiten Weltkrieg über die Besatzungsherrschaft zur Rekonstruktion 1945–1957, in: Die Deutsche Bank 1870–1995, München 1995, S. 409–578
Jäckel, Eberhard, Der Mord an den Juden im Zweiten Weltkrieg, Stuttgart 1985
James, Harold, Deutschland in der Weltwirtschaftskrise 1924–1936, Stuttgart 1988
ders., Die Deutsche Bank und die Diktatur, in: Die Deutsche Bank 1870–1995, München 1995, S. 315–408
ders., The Reichsbank and Public Finance in Germany: 1924–1933, Frankfurt am Main 1985
Knatchbull-Hugessen, Sir Hughe, Diplomat in Peace and War, London 1949
Koch, Peter Ferdinand, Die Dresdner Bank und der Reichsführer SS, Hamburg 1987
ders., Geheim-Depot Schweiz. Wie Banken am Holocaust verdienten, München 1997
Kopper, Christopher, Zwischen Marktwirtschaft und Dirigismus. Bankenpolitik im ‹Dritten Reich› 1933–1939, Bonn 1995
Moyzisch, Ludwig Carl, Der Fall Cicero. Die sensationellste Spionageaffäre des Zweiten Weltkrieges, Frankfurt am Main, Heidelberg 1950
Naasner, Walter, Neue Machtzentren in der deutschen Kriegswirtschaft 1942–1945, Boppard am Rhein 1994
ders., SS-Wirtschaft und SS-Verwaltung, Düsseldorf 1998
OMGUS (Office of the Military Government for Germany, United States) Finance Division, Ermittlungen gegen die Deutsche Bank, 1946–1947, Nördlingen 1985
Overy, Richard, The Nazi Economic Recovery, Cambridge [2]1996
Papen, Franz von, Der Wahrheit eine Gasse, München 1952
Pohl, Dieter, Nationalsozialistische Judenverfolgung in Ostgalizien 1941–1944. Organisation und Durchführung eines Massenverbrechens, München 1997
Pohl, Manfred, VIAG Aktiengesellschaft 1923–1998. Vom Staatsunternehmen zum Internationalen Konzern, München, Zürich 1998
Rings, Werner, Raubgold aus Deutschland. Die «Golddrehscheibe» Schweiz im Zweiten Weltkrieg, München 1996
Robertson, John, Turkey and Allied Strategy 1941–45, New York, London 1986
Sandkühler, Thomas, «Endlösung» in Galizien. Der Judenmord in Ostpolen und die Rettungsinitiativen von Berthold Beitz, 1941–1944, Bonn 1996

Sayers, R. S., Modern Banking, Oxford 1958
Seidenzahl, Fritz, 100 Jahre Deutsche Bank, Frankfurt am Main 1970
Sherwood, Robert E., Roosevelt and Hopkins. An intimate history, New York 1950
Smith, Arthur L. Jr., Hitler's Gold. The Story of Nazi War Loot, Oxford, Washington DC 1996
Speer, Albert, Erinnerungen, Frankfurt am Main, Berlin 1969
Weber, Frank G., The Evasive Neutral. Germany, Britain and the Quest for a Turkish Alliance in the Second World War, Columbia, Missouri und London 1979
Weitz, John, Hitler's Diplomat. Joachim von Ribbentrop, London 1992 (TB-Ausg. 1997)
Ziegler, Jean, Die Schweiz, das Gold und die Toten, München 1997

Bildnachweis

Abbildungen auf Seite 65: Franz von Papen, Der Wahrheit eine Gasse, München 1952
Alle anderen Abbildungen: Deutsche Bank AG, Frankfurt am Main

Lothar Gall, Gerald D. Feldman, Harold James,
Carl-Ludwig Holtfrerich, Hans E. Büschgen

Die Deutsche Bank. 1870–1995

XXI, 1015 Seiten, 82 Abbildungen,
20 Tabellen und 19 Graphiken.
Leinen

Aus Anlaß ihres 125jährigen Bestehens, das die Deutsche Bank 1995 feierte, hat sie fünf angesehene Wissenschaftler gebeten, die Entwicklung der Bank darzustellen. Entstanden ist dabei eine Unternehmensgeschichte, wie sie bisher nicht vorgelegt wurde. Zugleich ist das Werk ein bedeutender Beitrag zur wirtschaftlichen, sozialen und politischen Geschichte des modernen Deutschland, denn an kaum einem Unternehmen läßt sich das Zusammenwirken von Wirtschaft, Gesellschaft und Staat so aufzeigen wie an der Deutschen Bank, der größten Universalbank Deutschlands.

„Ein gewichtiges Werk, das die Forschung voranbringt, breiten öffentlichen Interesses sicher sein kann und die Deutsche Bank nüchtern und zugleich eindrucksvoll vorstellt als das, was sie war und ist: als wichtigen Teil der deutschen Geschichte mit ihren Höhen und Tiefen, zunehmend international."
Jürgen Kocka, FAZ

„Eine Dokumentation, die Maßstäbe setzt: Firmengeschichte und Nachschlagewerk zugleich."
Frank Pöpsel, Capital